KLEINE AUSZEITEN
IM
-TRENTINO-

INHALT

Abendstimmung auf der Trentiner Seite am Nordufer des Gardasees

ZWISCHEN GARDASEE & MARMOLADA

Entdeckungsreise durch 14 Talgemeinschaften

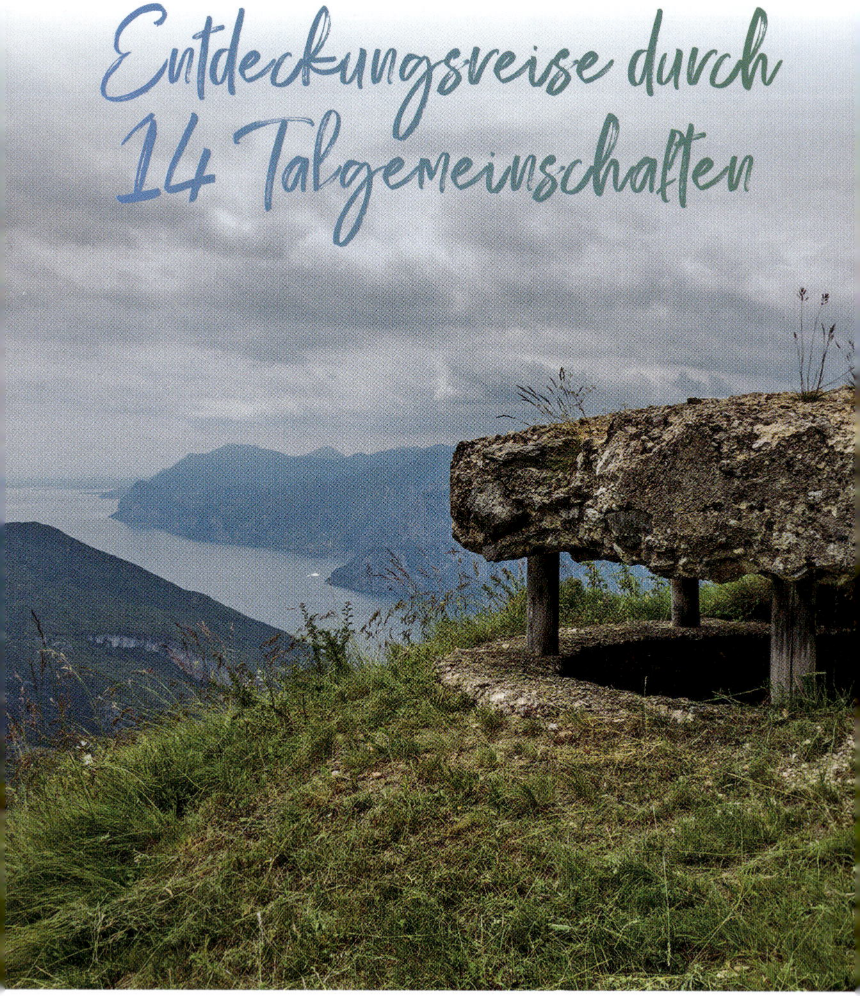

Aussichtsplattform am Monte Creino im Val di Gresta: Blick auf den Gardasee

Viele kennen das Trentino wohl nur von der Autobahnperspektive auf der Durchreise Richtung Süden oder von der Ausfahrt bei Rovereto in Richtung Gardasee. Dabei hat die Provincia autonoma di Trento, die Autonome Provinz Trient, so die offizielle Bezeichnung, viel zu bieten: mittelalterliche Städte und romantische Bergdörfer, Burgen und Museen, Weinberge und Berggipfel, Wälder und Seen, Naturparks und Radwege, Skipisten und Klettersteige … nicht zu vergessen die lokalen Weine und kulinarischen Spezialitäten.

Das Trentino hat 542.000 Einwohner bei einer Gesamtfläche von rund 6200 Quadratkilometern und gliedert sich in 166 Gemeinden mit 15 Talgemeinschaften. Größte Stadt und Sitz der autonomen Landesregierung ist Trento/Trient. Von der Salurner Klause, der Grenze zu Südtirol im Norden, bis kurz vor der Veroneser Klause im Süden bildet das Trentino einen Teil der Brennerachse entlang des Etschtals.

Über 60 Prozent des Landschaftsbildes werden von einer bewaldeten Gebirgslandschaft über 1000 Höhenmetern geprägt. Die Berge des Trentino gehören zu den südlichen Rätischen Alpen und den Dolomiten. Die höchsten Gipfel reichen bis zu den Dreitausendern in den Brenta-Dolomiten und zum 3769 Meter hohen Cevedale in der Ortler-Gruppe, der höchsten Erhebung des Trentino. Ein Drittel der Gesamtfläche des Trentino steht unter Natur- und Landschaftsschutz. Neben dem südöstlichen Teil des Nationalparks Stilfserjoch liegen in der Provinz noch die zwei Naturparks Adamello-Brenta und Paneveggio Pale di San Martino.

Mehrere weitläufige Hochebenen breiten sich auf beiden Seiten des Etschtals aus. Einige der knapp 300 Seen, die über die gesamte Provinz verstreut sind, sind gar eiszeitlichen Ursprungs.

FÜNF GROSSE NATURRÄUME

Die Landschaft des Trentino lässt sich in fünf größere Naturräume und Talsysteme einteilen. Das Etschtal mit der Etsch bildet das zentrale Rückgrat und ist von Norden nach Süden in die Kulturlandschaften der Rotaliana-Ebene, in das Trientner Becken und in die Vallagarina unterteilt.

Im Nordwesten des Landes fließt der Fluss Noce vom Tonalepass durchs Val di Sole und anschließend durchs breite Nonstal in die Rotaliana-Ebene bei Mezzocorona und mündet dort als wasserreichster Nebenfluss in die Etsch. Vom Nordosten her hat sich der Avisio von seiner Quelle an der Marmolada aus durchs Fassatal, das Fleimstal und das Cembratal seinen Weg zur Etsch gebahnt, in die er bei Lavis mündet.

Östlich von Trient erstreckt sich das Valsugana mit dem Fluss Brenta. Das vielfältigste Talsystem der Provinz bilden die südwestlichen Täler im Gebiet der Judikarien und dem Valle dei Laghi. Die Inneren Judikarien und das Valle dei Laghi bilden zwei parallel verlaufende Haupttäler, die der Fluss Sarca verbindet, der bei Torbole in den Gardasee mündet.

Die größeren Ortschaften und die Städte liegen entlang der Täler. Dabei ist das Etschtal mit Abstand am dichtesten besiedelt und entsprechend bebaut. Auf eine hohe Bevölkerungsdichte kommen auch das untere Sarcatal mit dem nördlichen Gardaseeufer sowie das Valsugana.

KULTUR UND KÜCHE

Gründe für einen Urlaub im Trentino gibt es zuhauf: Da sind die einladenden Städte und Ortschaften mit ihrem vielseitigen Angebot an kulturellen Veranstaltungen. Allein 59 Museen, darunter einige mit Weltruf wie das MART in Rovereto oder das MUSE in Trento/Trient, acht Öko- und Freilichtmuseen und ganze 155 Schlösser als Zeugen einer spannenden Vergangenheit laden zum Besuch. Den Gipfel des religiösen Lebens stellt der in romanisch-lombardischem Stil erbaute Dom von Trento/Trient dar.

Die Landschaft bietet vom mediterranen Charme des Gardasees bis hinauf zur alpinen Welt der Dolomitengipfel alles, was das Herz eines Naturfreundes begehrt. Für Sportfans bleibt aber die Qual der Wahl: Skifahren, Langlaufen, Snowboarden, Rodeln, Wandern, Klettern, Surfen, Segeln, Baden, Tauchen, Radfahren, Reiten ...?

In den Tälern hat sich ein reiches Brauchtum erhalten. Riten und Bräuche gehen oft auf die Begegnung und Verschmelzung unterschiedlicher Kulturen zurück. Von der ladinischen und der deutschsprachigen Minderheit werden Traditionen ganz besonders gepflegt.

Landwirtschaft und Küche des Trentino schließlich haben zahlreiche Spezialitäten und gastronomische Highlights zu bieten: Käsesorten wie Trentingrana, Vezzena oder Puzzone di Moena, Wurst- und Fleischwaren wie Carne Salada, Mortandela oder Ciuiga del Banale, Polenta und Ge-

◄ Romantisches Canale di Tenno ► Das Haus La Florian im Zentrum von Canazei

müse, Olivenöl vom Gardasee und Äpfel aus dem Nonstal … Ein Dutzend der traditionellen Lebensmittel aus den Trentiner Tälern ist mit dem Slow-Food-Gütesiegel ausgezeichnet. Nicht zu vergessen die hervorragenden Weine, vor allem die heimischen Marzemino, Teroldego und Nosiola. TrentoDoc ist die Dachmarke für den prickelnden Sekt aus dem Trentino, der internationale Anerkennung genießt. Das Grappabrennen hat im Trentino ohnehin eine lange Tradition.

EIN BLICK ZURÜCK

Die Besiedlung des Landes begann im Spätpaläolithikum, im Zeitraum von 12.000 bis 10.000 v. Chr. mit Siedlungszonen vorwiegend in den höheren Lagen. Im 1. Jahrhundert v. Chr. geriet das Gebiet unter römische Herrschaft. Die Gründung von »Tridentum«, dem heutigen Trento/Trient, ist aus dieser Zeit belegt.

Im 4./5. Jahrhundert wurde das Territorium christianisiert und Trento/Trient zum Bischofssitz. Im Laufe der Geschichte übernahmen Ostgoten und Langobarden, Franken, Baiern und Welfen die Herrschaft über das Gebiet. Weite Teile des Landes gehörten zum Trientiner Fürstbistum, welches acht Jahrhunderte lang eine besondere Autonomie innerhalb des Heiligen Römischen Reiches Deutscher Nation genoss. Das berühmte Konzil von Trient der römisch-katholischen Kirche fand zwischen 1545 und 1563 statt und stand ganz im Zeichen der Reformation.

◀ Im Bergdorf Mezzano ▲ Burgruine in Nago am Gardasee ▼ Rosenstrauch in Luserna/Lusérn

Seit dem Mittelalter ist die Geschichte des Trentino eng mit dem Schicksal Tirols verbunden. Nach dem Aussterben der Grafen von Eppan um 1250 ging das Land an die Grafen von Tirol und 1363 durch Erbschaft an die Habsburger. 1487 fielen Truppen der Republik Venedig im Süden ein, konnten aber in der Schlacht von Calliano gestoppt werden. Nach dem Ende der napoleonischen Herrschaft im 19. Jahrhundert wurde das Gebiet Teil der österreichischen Grafschaft Tirol und verlor weitgehend seine Selbstverwaltung.
Der Ausbruch des Ersten Weltkriegs führte zu einem dramatischen Stellungskrieg. Die Front zwischen Österreich und Italien verlief zu einem guten Teil längs der Landesgrenzen. Ein Teil der Trentiner kämpfte an der Seite der österreichischen Kaiserjäger, andere an der Seite der italienischen Irredentisten. Am Ende des Schicksalkriegs wurde das Trentino von italienischen Truppen besetzt und im Vertrag von Saint-Germain am 10. September 1919 dem Königreich Italien angegliedert.

TRIDENTUM – WELSCHTIROL – TRENTINO

Das einstige Welschtirol erhielt seine heutige Form um 1803 im Zuge einer Verwaltungsreform. Mit dem Zusammenschluss der beiden Tiroler Kreise Trient und Rovereto wurden die italienisch besiedelten Gebiete Tirols

weitgehend zum Gebiet der heutigen Autonomen Provinz Trient vereint. Das italienische Trentino entstand in seiner heute kompakten Form durch eine intensive Italianisierungsphase.
Die Bezeichnung »Trentino« scheint erstmals um 1670 auf. Das Land um die Stadt Trento/Trient wurde damit beschrieben. Die Einwohner von Trient waren die Trentini. Amtliche Bedeutung erhielt die Bezeichnung nach dem Zweiten Weltkrieg im Namen der 1948 errichteten Region Trentino-Südtirol, seit 1972 Autonome Region Trentino-Südtirol und Autonome Provinz Trient. Das Trentino ist heute auch Teil der Europaregion Tirol-Südtirol-Trentino, welche das Gebiet des einstigen österreichisch-ungarischen Kronlandes Tirol im europäischen Geist wieder vereint.
In den Minderheitensprachen der Region wird das Trentino amtlich als »Provinzia Autonoma de Trent« (auf Ladinisch), »Sèlbstendig Provintz vo Tria« (auf Zimbrisch) und »Autonome Provinz va Trea't« (auf Fersentalerisch) bezeichnet.

LADINER, MÒCHENI UND ZIMBERN

97 Prozent der Einwohner des Trentino sind – im Gegensatz zur Nachbarprovinz Südtirol – italienischer Muttersprache, knapp drei Prozent gehören sprachlichen Minderheiten an. Im Fassatal ist noch die ladinische Sprache, das Rätoromanische, in Gebrauch. Am Nonsberg und vereinzelt noch in der Val di Sole/Sulzberg werden die Idiome Nones und Solander gesprochen. 15.800 Personen haben sich bei der letzten Volkszählung 2021 als Ladiner deklariert, das sind 2,9 Prozent der Gesamtbevölkerung der Provinz.
Deutsche, dem Bairischen zuzuordnende Mundarten, die als je eigenständige Sprachen anerkannt sind, werden in den Sprachinseln der Zimbern (Cimbri) und der Fersentaler (Mòcheni) gesprochen. Das Zimbrische wird noch von knapp 1150 Personen in Lusérna/Lusérn auf dem Altopiano Cimbri e Lavarone gesprochen und gepflegt. Fersentalerisch sprechen rund 1400 Bewohner in den Gemeinden der Val de Mòcheni.

REISE DURCH 15 TALGEMEINSCHAFTEN

Unsere Tour führt uns in die 15 seit 2006 neu geordneten Talgemeinschaften des Trentino, in die sogenannten Comunità di Valle sowie in die zwei größten Städte Trento/Trient und Rovereto.

Der Reihe nach - und von Norden kommend - beginnt die Reise gleich nach Salurn in der Rotaliana-Königsberg, dem Tor ins Trentino mit dem Mittelpunktzentrum in Mezzocorona. Von hier aus geht es in das Val di Non, das größte Apfelanbaugebiet des Landes mit dem Hauptort Cles, und in das Val di Sole mit Malè und der Bergwelt unter dem Ortler.
Nächstes Ziel ist die Hochebene Altopiano della Paganella mit Andalo und der spektakulären Bergwelt des Naturparks Brenta-Adamello. Von Trento/Trient aus Richtung Osten zweigt die Straße in das Val di Cembra ab, das in das Val di Fiemme (Fleimstal) und schlussendlich in das Val di Fassa übergeht. Im Herzen der Dolomiten liegt Primiero mit San Martino di Castrozza und dem Parco Naturale Paneveggio Pale di San Martino.
Weiter geht es in das Alta Valsugana e Bersntol mit Pergine und der Sprachminderheit der Fersentaler und anschließend in das Valsugana e Tesino mit Borgo Valsugana. Die Hochebene Altopiano Cimbri e Lavarone mit der Sprachminderheit der Zimbern erstreckt sich zwischen dem Valsugana und dem Etschtal südlich der Landeshauptstadt.
Das Valle dei Laghi, das Tal der Seen, führt von Trento/Trient parallel zum Etschtal hinunter zum Gardasee. Der nördliche, zum Trentino gehörende Teil des Sees vereint sich in der Talgemeinschaft Alto Garda e Ledro mit Arco, Riva del Garda und dem Ledrosee.
Noch weitgehend unbekannt sind die Valli Giudicarie, die Inneren Judikarien ganz im Westen des Trentino. Das Vallagarina entlang des Etschtals von Trient bis an die Provinzgrenze zu Verona bildet mit Rovereto schließlich den südlichen Abschluss der Region.

◀ Der Sarcafluss im Valle dei Laghi ▶ Ein Netz an Campingplätzen lädt ein.

Torbole – das internationale Eldorado für Windsurer und Segler

MIT DEM WOHNMOBIL IM TRENTINO UNTERWEGS

»Wussten Sie schon«, fragt der ADAC auf seiner Internetseite, »dass man sich bei Pkw-Reisen in europäische Nachbarländer vor Reiseantritt mit den verkehrsrechtlichen Vorschriften der jeweiligen Reiseländer vertraut machen sollte?« Dies gilt nicht nur für das Urlaubsland, sondern auch für die Durchreiseländer. Ansonsten kann eine Kontrolle ein erhebliches Loch in der Urlaubskasse verursachen.

In Italien sind fast alle Autobahnen sowie einige Pässe und Tunnel mautpflichtig. Beim Parken des Wohnmobils muss beachtet werden: An einem weiß gekennzeichneten Bordstein darf kostenlos geparkt werden. Gebührenpflichtige Parkzonen haben eine blaue Kennzeichnung. Parken auf schwarz-gelben Bodenmarkierungen ist verboten.

Auch das Wildcampen mit dem Wohnmobil ist in Italien grundsätzlich verboten. Vor allem in touristischen Regionen werden die Vorschriften kontrolliert und bei Missachtung bestraft. Auf entsprechend gekennzeichneten Parkplätzen darf man mit dem Wohnmobil aber eine Nacht stehen bleiben.

In Italien müssen Fahrer eines Kraftfahrzeugs außerhalb geschlossener Ortschaften eine Warnweste tragen, wenn sie ihr Fahrzeug verlassen und sich auf der Fahrbahn aufhalten. Das Nichtmitführen der Warnweste wird allerdings nicht bestraft.

Auf Autobahnen und außerorts muss tagsüber ganzjährig mit Abblendlicht (oder alternativ Tagfahrleuchten) gefahren werden. Für Mopeds und Motorräder gilt diese Regel auch innerorts.

Trento/Trient by night

Segelregatta am Gardasee

Im Herzen der Dolomiten

STECKBRIEF TRENTINO

- **Region:** Trentino-Südtirol
- **Provinz:** Provincia autonoma di Trento/ Autonome Provinz Trient
- **Hauptstadt:** Trento/Trient
- **Fläche:** 6207 Quadratkilometer
- **Einwohner:** 542.000
- **Bevölkerungsdichte:** 87,4 Einwohner/km²
- **Gemeinden:** 166 (75 Prozent davon liegen über 1.000 m)
- **Die fünf größten Gemeinden:** Trento/Trient (118.900 Einwohner), Rovereto (40.290), Pergine Valsugana (21.550), Arco (17.930), Riva del Garda (17.600)
- **Museen:** 59 plus 8 Ökomuseen
- **Schlösser:** 155
- **Festungen aus dem Ersten Weltkrieg:** 20
- **Naturschutzfläche:** 31,4 Prozent
- **Waldanteil:** 63 Prozent
- **Höchster Berg:** Cevedale, 3769 Meter
- **Seen:** 297
- **Wanderwege:** 1165 mit einer Gesamtlänge von 5850 Kilometern, 13 Großwanderwege (mit mehr als drei Etappen)
- **Rad-/Fußwege:** 11 mit einer Gesamtlänge von 430 Kilometern
- **Wein- und Spezialitätenrouten:** 3
- **Aufstiegsanlagen:** 227
- **Skipisten:** 612 mit einer Gesamtlänge von 800 Kilometern
- **Snowparks:** 25
- **Ski-Langlaufstrecken:** 23 mit insgesamt 500 Kilometern Pisten

Das Telefonieren am Steuer ist wie in Deutschland auch nur unter Verwendung einer Freisprecheinrichtung erlaubt. Untersagt ist die Verwendung von Notebooks, Tablets und ähnlichen Geräten, die dazu führen, dass man die Hände vom Lenkrad nehmen muss. Wer gegen diese Vorschrift verstößt, muss neben einer Geldstrafe auch mit einem Fahrverbot an Ort und Stelle rechnen – auch als ausländischer Autofahrer!

Tipp

Unbedingt zu beachten ist in Italien – im Unterschied zu Deutschland – die **Kennzeichnungspflicht von Ladung**, die hinten über das Fahrzeugheck hinausragt, mit einer Warntafel. Dies gilt auch dann, wenn es sich um einen Heckträger mit eigenem Kennzeichen und Beleuchtung handelt. Die Warntafel soll aus Metallblech sein, muss eine Abmessung von mindestens 50 mal 50 Zentimetern haben und rot-weiß schraffiert sein (fünf rote Streifen). Ein Verstoß wird mit mindestens 80 Euro Bußgeld geahndet.

MIT DEM FAHRRAD IM TRENTINO UNTERWEGS

Fahrradspaß pur – von Radwegen für E-Bike-Freunde über Familientouren bis hin zu Strecken für die kühnsten Mountainbiker: Mit insgesamt mehr als 330 verschiedenen Routen, verteilt auf 8000 Kilometer, hat das Trentino für jeden Radfreund etwas zu bieten. Das Radwegenetz im Trentino verläuft durch die wichtigsten Täler des Landes. Vor allem das Valle dell'Adige (99 Kilometer), das Valsugana (64 Kilometer) und das Valle dei Laghi (23 Kilometer) laden im Frühjahr und Herbst zu gemütlichen Entdeckungsfahrten ein und bieten jede Menge Abwechslung und Spaß auf zwei Rädern. Für passionierte Mountainbiker sind mehrere Strecken bereits zum »Muss« geworden (trentino.com/de/freizeit-aktiv/rad-mountainbike).

Wichtig dabei: Wählen Sie für Ihre Kondition geeignete Strecken und informieren Sie sich vorab über Streckenverlauf und Witterungsprognosen. Ein Helm darf natürlich bei einer Radtour nicht fehlen. Zwischen dem Etschtal und dem Gardasee gibt es zahllose Möglichkeiten für Ausflüge mit dem E-Bike: Täler und Städte, Seen, Flüsse und Hochebenen ... und mit etwas Antriebshilfe, egal ob mit Pedelec oder E-Bike, kann man Trentinos schönste Flecken auch einfach und bequem erreichen.

PIANA ROTALIANA / KÖNIGSBERG

Das Tor ins Trentino

San Michele all'Adige mit dem 1144 gegründeten Augustiner-Chorherrenstift St. Michael

1

Gleich nach der Grenze zwischen Südtirol und dem Trentino, an der engen Salurner Klause, weitet sich das Etschtal zu einer breiten, fruchtbaren Ebene. Von steil aufragenden Felswänden umrahmt, prägen an der Mündung des Nonstals in das Etschtal ausgedehnte Weinbauflächen die reizvolle Landschaft der Piana Rotaliana/Königsberg.

Die Talgemeinschaft Comunità Rotaliana-Königsberg umfasst die Gemeinden Mezzocorona und Mezzolombardo, Roverè della Luna, San Michele all'Adige, Lavis und Terre d'Adige. Die sonnige und fruchtbare Ebene breitet sich wie ein grünes Trapez zwischen dem aus dem Nonstal kommenden Fluss Noce und der Etsch am Fuße des Paganella-Massivs aus.

ROVERÈ DELLA LUNA

Der Ort Roverè della Luna liegt gleich hinter der Grenze zum deutschen Sprachgebiet Südtirols. Es verwundert deshalb nicht, dass in der Tradition des Dorfes häufig auch noch der deutsche Ortsname »Eichholz« oder »Aichholz« Verwendung findet. Nicht nur Ortsbezeichnungen und Familiennamen zeugen hier nach wie vor recht deutlich von einer gemeinsamen Vergangenheit mit zwei unterschiedlichen Kulturen. Auch die Sitten und Bräuche erinnern an die gemeinsame Geschichte. Das Dorf liegt auf einer kleinen Anhöhe über der Talsohle des Etschtals am Flusslauf des Rio Favogna.

MEZZOCORONA

Aufgrund ihrer strategisch günstigen Lage an der Kaiserstraße Via Claudia Augusta am Fuße des Monte di Mezzocorona war die Ortschaft Mezzocorona schon in der Vergangenheit ein wichtiger Verkehrsknotenpunkt. Eingebettet in einen Felsspalt in der Steilwand oberhalb des Dorfes thront in spektakulärer Lage die Burgruine Castel San Gottardo. Die 1181 erstmals urkundlich erwähnte Felsburg gehört zu den eindrucksvollsten Bauten des einstigen Fürstbistums von Trient. Der Legende nach hatte hier ein Drachen gehaust. Funde von Dinosaurier-Fossilienresten in der Höhle bestätigen dies. Die Höhle mit der Burgruine und der dem Heiligen Gotthard geweihten, in den Felsen geschlagenen Kapelle ist auf einem steilen Weg vom Castel Firmian aus in etwa 20 Minuten zu erreichen.

1480 ließ Nicolò I., Graf Firmian und Herr von Mezzocorona, unterhalb der Felsburg das Castel Firmian errichten: eine bequemere und dem damaligen Wohnstil entsprechende Residenz. Das Schloss blieb bis in unsere Tage der ständige Wohnsitz der Grafen Firmian. Der Gebäudekomplex besteht aus einem viereckigen Turm, der Torre di Mezzo, und einem von einer zinnengekrönten Mauer umgebenen Wohngebäude. Der Palazzo Firmian im Ortszentrum wartet mit wertvollen Freskomalereien des Tiroler Malers Paul Troger auf und beherbergt heute das Rathaus von Mezzocorona.

MONTE DI MEZZOCORONA Der Hausberg von Mezzocorona, ist mit seinem weitmaschigen Wanderwegenetz eine erholsame Naturoase und ein ideales Ausflugsziel für Wanderer und Mountainbiker. Eine Seilbahn führt in nur drei Minuten auf das Hochplateau. Der Monte lässt sich aber auch über einen Wanderweg mit geringem Schwierigkeitsgrad oder entlang des Klettersteigs der Giovannelli-Schlucht erklimmen.

MEZZOLOMBARDO

Am Eingang zum Val di Non am Rande der Piana Rotaliana liegt Mezzolombardo. Der Ort erstreckt sich entlang der antiken Straße vom Etschtal ins Nonstal und wird von der antiken, dem Heiligen Petrus geweihten Kirche und dem Castello della Torre überragt.

Die St. Peterskirche wurde auf der Ruine eines heidnischen Tempels und einer befestigten römischen Siedlung erbaut. Im 16. Jahrhundert wurde die Kirche neu errichtet. Der im romanischen Stil gestaltete Kirchturm stammt aus dem Jahr 1425. Das Kirchenschiff wird durch hohe gotische Maßwerkfenster und Fensterrosetten in der Altarnische und an der Hauptfassade erhellt. Der Hochaltar mit den Schutzheiligen Peter und Paul stammt aus dem 17. Jahrhundert.

Der beeindruckende Komplex des Castello della Torre an der Sperre der Rocchetta diente zur Bewachung der Zugangsstraße ins Nonstal. Das Schloss in seiner heutigen Gestalt stammt aus dem 16. Jahrhundert. Der etwas höher gelegene alte Ortskern von Mezzolombardo wird von malerischen Gassen mit herrschaftlichen Residenzen aus dem 18. und frühen 20. Jahrhundert sowie zahlreichen Geschäften durchzogen.

▲ Das Castello della Torre in Mezzolombardo stammt aus dem 16. Jahrhundert.
▶ Der Palazzo Firmian im Ortszentrum von Mezzocorona ist heute das Rathaus.

Mezzolombardo und das benachbarte Mezzocorona sind, begünstigt durch die Bodenbeschaffenheit und die geografische Lage, vor allem für ihren Weinbau bekannt. Schon Goethe bezeichnete die Ebene in seiner »Italienischen Reise« als »den schönsten Weingarten Europas«. An der »Strada del vino e dei sapori«, der Straße des Weins und der kulinarischen Genüsse der Rotaliana-Ebene, wächst der autochthone Teroldego Rotaliano DOC, der bekannteste und wohl beliebteste Rotwein des Trentino. An die 600 Winzer bewirtschaften heute die knapp 400 Hektar Teroldego-Weinberge.

TEROLDEGO Den traditionsreichen Wein aus der Piana Rotaliana, gibt es unter anderem bei folgenden Teroldego-Evolution-Produzenten:

DE VESCOVI ULZBACH Piazza Garibaldi 12, 38016 Mezzocorona, Tel. +39/0461/174 00 50, devescoviulzbach.it

ENDRIZZI Loc. Masetto 2, 38098 San Michele all’Adige, Tel. +39/0461/66 26 72, endrizzi.it

DORIGATI Via Dante 5, 38016 Mezzocorona, Tel. +39/0461/60 53 13, dorigati.it

FORADORI Via Damiano Chiesa 1, 38017 Mezzolombardo, Tel. +39/0461/60 10 46, agricolaforadori.com

◀ Bildstock in Grumo ▶ Die Kirche San Michele Arcangelo in San Michele all'Adige

TRATTORIA DOLCE SPINA Nettes Lokal im Zentrum mit ausgezeichneter Küche und großer Weinauswahl. Piazza San Gottardo 4, 38016 Mezzocorona, Tel. +39/0461/60 17 10

LOCANDA CAMORZ Nettes Restaurant mit kleiner Speisekarte, guter Küche und freundlichem Service. Via Camorzi 17, 38016 Mezzocorona, Tel. +39/0461/60 39 26

AGRITURISMO AI MOLINI Spezialitäten aus der lokalen Küchentradition mit Tortel di patate und Carne salata. Via Molini 6, 38010 Faedo, Tel. +39/0461/65 08 17, agrituraimolini.it

SAN MICHELE ALL'ADIGE

Direkt an der ersten Autobahnausfahrt im Trentino liegt San Michele all'Adige. Schon im 15. Jahrhundert legten hier die Durchreisenden im historischen Gasthof Aquila Nera eine Rast ein. Der Ort entwickelte sich rund um das kirchen- und landesgeschichtlich bedeutsame ehemalige Augustiner-Chorherrenstift St. Michael. Es wurde 1144/45 von den Grafen von Eppan oberhalb des alten Zusammenflusses von Etsch und Noce begründet. Die kunstvoll gestaltete Barockkirche und das Kloster sind schon von Weitem ein Blickfang. Die Kirche San Michele Arcangelo ist eines der bedeutendsten Beispiele des Barocks in der Region.

Im ehemaligen Stiftsgebäude wurde 1874 der Vorläufer des heutigen Istituto agrario di San Michele all'Adige, ein Lehr- und Forschungszentrum für Weinbau, gegründet. Es ist das erste im späteren Italien und nach seinem ersten Direktor auch als Stiftung Edmund Mach bekannt.

TRENTINER VOLKSKUNDEMUSEUM Der Klosterkomplex beherbergt heute auch das Museo degli Usi e Costumi della Gente Trentina, eines der renommiertesten seiner Art im Alpenraum. Mehr als 12.000 Exponate sind ausgestellt. Besonders eindrucksvoll sind die großen Wassermühlen, die Schmiede und das venezianische Sägewerk. Daneben kann auch die historische Kellerei des Landwirtschaftsinstituts besichtigt werden.

Etwas oberhalb von San Michele all'Adige, auf 600 Meter Höhe, lädt die kleine Fraktion Faedo zum Besuch. Am Ortseingang begrüßt die schlichte gotisch-romanische Kirche St. Agata aus dem 13. Jahrhundert die Gäste. Auf dem etwas weiter nördlich liegenden Aussichtshügel thront das Castello di Monreale. Das im 14. Jahrhundert erstmals erwähnte Schloss Königsberg war die ehemalige Hochburg der Grafen von Eppan, Sitz der Gerichtsbarkeit und der politischen Macht.

LAVIS

Lavis ist das Landwirtschafts- und Handelszentrum der Rotaliana-Ebene. Der Ort hat sich am Ufer des Flusses Avisio entwickelt und entlang der Brennerstraße ausgebreitet. Das Flair des Stadtzentrums mit seinen Monumenten und Sehenswürdigkeiten ist einen Besuch wert. Besonders die kleine Chiesa Sant Udalrico aus dem Jahre 1450 sticht hervor, ebenso die Casa Schuldhaus mit ihrem prunkvollen Bossenwerk-Portal und die kleine barocke Kirche San Giovanni Nepomuceno.

◀ Das Castello di Monreale ▶ Im Trentiner Volkskundemuseum

◀ Historisches Zentrum von Mezzolombardo ▶ Die Burgruine Castel San Gottardo

Auf den Porphyrfelsen oberhalb der Stadt liegt der geheimnisvolle hängende Park Giardino dei Cucioi mit Treppen, Verliesen, Mauerwerken und einer kleinen romantischen Burg. Der im Auftrag von Tommaso Bortolotti im Jahr 1850 angelegte Park ist ein Beispiel der romantischen Gartenbaugestaltung, die darauf bedacht war, eine fantastische und pittoreske Landschaft wieder zum Leben zu erwecken und eine Atmosphäre zwischen Traum und Wirklichkeit zu schaffen.

TERRE D'ADIGE

Seit 2019 sind die beiden Ortschaften Zambana und Nave San Rocco in der Gemeinde Terre d'Adige vereint. Zambana war ursprünglich einer der Durchgangshäfen der Schifffahrt auf der Etsch. Bis zum Bau der Eisenbahnlinie um 1850 war der Fluss wichtiger Schwerpunkt der Trentiner Wirtschaft. Nach der Trockenlegung des Sumpfgebietes und der Begradigung des Wildbachs Noce gegen Mitte des 19. Jahrhunderts spezialisierte sich Zambana auf den Anbau von weißem Spargel.
1955 zerstörte ein katastrophaler Bergsturz das Dorf unter der Paganella. Verschont blieb nur die den Heiligen Philipp und Jakob geweihte Kirche aus dem 16. Jahrhundert. Die Einwohner übersiedelten zum großen Teil in die neue Ortschaft Zambana Nuova.
Nave San Rocco, das sich am rechten Ufer der Etsch erstreckt, war ebenfalls schon in frühen Zeiten eine wichtige Zwischenstation der Flussschifffahrt auf der Etsch. Ein antiker Binnenhafen fand bereits 1235 Erwähnung.

AUF EINEN BLICK

Info

STADT/REGION: Piana Rotaliana / Königsberg
BESTE REISEZEIT: März bis November
OPTIMALE REISEDAUER: 2–3 Tage
TOURISTINFO: Consorzio Turistico Piana Rotaliana Königsberg, Corso del Popolo 35, 38017 Mezzolombardo, Tel. +39/0461/175 25 25, pianarotaliana.it
Pro Loco Lavis, prolocolavis.it

NICHT VERSÄUMEN

CASTEL SAN GOTTARDO: Die größte Höhlenburgruine im Trentino. Via al Castello 40, 38016 Mezzocorona, castel-san-gottardo.business.site
SEILBAHN FUNIVIA MONTE DI MEZZOCORONA: 38016 Mezzocorona, Tel. +39/0461/60 32 88, funiviamezzocorona.it
ST. PETERSKIRCHE MEZZOLOMBARDO: Auf der Ruine eines kleinen heidnischen Tempels errichtete Dorfkirche. 38017 Mezzolombardo
SAN MICHELE ARCANGELO: Eines der bedeutendsten Beispiele des Barock in der Region. Via Mach, 38098 San Michele All'Adige
MUSEO DEGLI USI E COSTUMI DELLA GENTE TRENTINA: Das Trentiner Volkskundemuseum ist eines der renommiertesten seiner Art. Via Mach 2, 38098 San Michele All'Adige, Tel. +39/0461/65 03 14, museosanmichele.it
GIARDINO DEI CIUCIOI: Einmalig hängender Garten mit romantischem Flair, auch als Park Bortolotti bekannt. Vicolo dei Ciucioi 13, 38015 Lavis, Tel. +39/0461/175 25 25, ecoargentario.it/giardinodeiciucioi

CAMPING MOSER

ADRESSE: Viale Nazionale 64, Nave San Felice, 38015 Lavis, Tel. +39/0461/87 02 48, larotaliana.it
GPS: 46.16777, 11.11487
Der Campingplatz liegt neun Kilometer von Trient entfernt an der Staatsstraße in Lavis. Einige gepflegte Stellplätze stehen mit einer neu renovierten Servicegruppe zur Verfügung.

VAL DI NON / NONSTAL

Sonniges Apfelparadies

Der Santa-Giustina-See prägt das Aussehen des Nonstals.

Das sonnenverwöhnte Val di Non ist eine ideale Gegend für Urlaub abseits von Stress und Hektik. Kleine Ortschaften, geschichtsträchtige Schlösser und Kapellen sind über das ganze Tal verstreut. Wiesen, Wälder und Seen prägen das Landschaftsbild. Tradition und Kultur werden hier großgeschrieben und machen das Tal einzigartig.

Um ins Nonstal zu kommen, haben wir mehrere Möglichkeiten: Bequem und einfach geht es vom Süden aus, von der Autobahnausfahrt San Michele all'Adige über Mezzolombardo an der Mündung des Flusses Noce. Spannender und abenteuerlicher ist die Zufahrt über den Mendelpass. Dafür wählen wir die Autobahnausfahrt Bozen Süd/Bolzano Sud und fahren über Eppan und Kaltern an der Weinstraße auf den 1363 Meter hohen Mendelpass. Hier an der Grenze zwischen Südtirol und dem Trentino öffnet sich das Val di Non in all seiner sonnigen Schönheit und breiten Vielfalt.

VOM MENDELPASS NACH MEZZOLOMBARDO

Das Nonstal ist ein orografisch rechtes Seitental des Etschtals. Es verläuft entlang des Flusses Noce zwischen der 2434 Meter hohen Laugenspitze im Norden und der 2125 Meter hohen Paganella an die 35 Kilometer weit Richtung Süden bis nach Mezzolombardo im Etschtal.

Der obere Teil des Tals, die Alta Val di Non, zieht sich vom Mendelpass über Ruffré, Sarnonico und Cavereno sowie Romeno und San Zeno an den östlichen Sonnenhängen des Tals bis zum Südende des Lago di Santa Giustina bei Dermulo. Die zweite Strecke führt durch die nördlichen Tallagen über Fondo, Cloz und Revò an der Nordspitze des Santa-Giustina-Sees vorbei nach Cles, dem Hauptort des Tals, um sich an der Südspitze des Sees wieder mit der anderen Strecke zu vereinen.

Der zur Nonsberg-Gruppe gehörende Mendelkamm trennt das Nonstal vom Etschtal. Der Noce durchquert es in seinem Mittel- und Teilen des Unterlaufes. Südlich von Cles wird der Fluss durch die 1951 errichtete Santa-Giustina-Talsperre zum gleichnamigen Santa-Giustina-See aufgestaut, der das Aussehen des Tals wesentlich verändert hat. Drei Gemeinden im Norden des Nonstals liegen noch auf Südtiroler Gebiet: Proveis, Laurein und Unsere Liebe Frau im Walde-St. Felix mit ihrer überwiegend deutschsprachigen Bevölkerung werden zusammen als Deutschnonsberg bezeichnet.

2

KORNKAMMER UND APFELHOCHBURG

Die ersten schriftlichen Aufzeichnungen, die sich mit wirtschaftlichen Aspekten des Nonstals befassen, stammen aus dem 16. Jahrhundert, wo das Tal als »Kornkammer des Trentino« bezeichnet wurde. Neben dem **Obst-, Getreide- und Gemüseanbau**, der **Viehzucht**, dem **Fischfang** und der **Jagd** spielten auch die **Bergwerke** eine wichtige Rolle für die Entwicklung im Tal. Chronist Marx Sittich von Wolkenstein verzeichnete in seiner Landesbeschreibung von Südtirol aus dem Jahr 1613, dass »das Tal so viele Dörfer wie das Jahr Tage habe«. Neben 140 kleineren und größeren Ortschaften zählte er über 30 Burgen auf.

Zwischen dem 19. und 20. Jahrhundert wurden die Grundsteine für die touristische Erschließung des Nonstals gelegt. 1883 ließ Kaiser Franz Joseph I. nach einem seiner Jagdausflüge am Mendelpass eine Jagdhütte bei Ronzone errichten. 1889 und 1894 hielt sich Kaiserin Sisi von Österreich mehrere Tage am Mendelpass auf. 1903 wurde die Mendelbahn eingeweiht, die Kaltern mit dem Mendelpass verbindet. Der Pass übernahm eine Pionierrolle in der **Entwicklung des Tourismus** im Trentino.

Während des 19. Jahrhunderts war das Nonstal eines der bedeutendsten Zentren der **Seidenherstellung** im Trentino. Heute ist das Nonstal vor allem für seine **Äpfel** bekannt. Aktuell beträgt die Apfelanbaufläche im Tal an die 7000 Hektar. Die knapp 400.000 Tonnen jährlich geernteten Äpfel werden seit 1989 unter der Marke »Melinda« weltweit auf den Markt gebracht.

LATTERIA SOCIALE DI FONDO Einer der ältesten Molkereibetriebe des Val di Non – mit großem Angebot. Via 4 Novembre 70, 38013 Borgo d'Anaunia, Tel. +39/0463/83 12 94, latteriasocialefondo.it

CANTINA EL ZEREMIA Der erste historische Betrieb, der den Groppello di Revò, die autochthone Rebsorte des Val di Non, wiederentdeckt und aufgewertet hat. Via dell'Emigrante 15, 38028 Revò, Tel. +39/0463/43 22 71, elzeremia.it

L'ISOLA DEI SAPORI Feinkostgeschäft mit großer Auswahl an lokalen Produkten und Spezialitäten. Via per la Mendola 1, 38012 Dermulo, Tel. +39/0463/46 81 27

◀ Cles ist der Hauptort und die größte Gemeinde im Nonstal. ▲ Das Castel Cles stammt aus dem 12. Jahrhundert. ▼ Apfelernte im Nonstal

CLES

Hauptort und größte Gemeinde im Nonstal ist Cles. Der Ort liegt auf 650 Meter Meereshöhe am Westufer des Stausees Santa Giustina am Eingang zum Val di Sole. Archäologische Funde aus vorrömischer Zeit zeugen von einer frühen Besiedelung des Gebietes. Die 1869 bei Cles gefundene »Tabula Clesiana«, eine Bronzetafel mit einem Erlass des römischen Kaisers Claudius aus dem Jahr 46 n. Chr., ist ein wichtiges Zeugnis der römischen Besiedlung des Alpenraums.

Die 7200 Einwohner zählende Gemeinde ist dank der günstigen geografischen Lage ein idealer Ausgangspunkt für Wanderungen und Bergtouren. Der Santa-Giustina-See lädt zu Wassersportarten wie Segeln, Windsurfen, Rudern und Sportfischen.

Das Castel Cles, der Stammsitz der gleichnamigen Adelsfamilie, thront majestätisch auf einem Hügel über der Gemeinde. Die Burg wurde erstmals in Dokumenten aus dem 12. Jahrhundert erwähnt. Bernhard von Cles (1485–1539), Fürstbischof von Trient und Kardinal, ließ die Burg im Stil der Renaissance restaurieren. Die Räumlichkeiten des Schlosses wurden im 16. Jahrhundert mit wertvollen Fresken ausgestattet. Besonders sehenswert ist die »Saletta delle Metamorfosi« mit Fresken des Hofmalers Marcello Fogolino, der hier Szenen aus Ovids »Metamorphosen« abbildet.

▲ Über Vigo di Ton thront das Castel Thun. ◀ Das Castel beherbergt einen Teil des Trentiner Landesmuseums. ▶ Mortandella – die Wurstspezialität aus dem Nonstal

CASTEL THUN

In herrlicher Lage auf einem Hügel über Vigo di Ton thront das Castel Thun über dem gesamten Nonstal: ein harmonisches Ergebnis verschiedener Bauphasen, das von einem ausgedehnten Festungssystem aus Türmen, Mauern, Bastionen und Gräben umschlossen wird.
Das Schloss war – bis zum Tod des Grafen Zdenko von Thun 1982 – Residenz eines der ältesten und mächtigsten Adelsgeschlechter der Region. Die Burg wurde erstmals 1268 als »Castro Belvesini« erwähnt. Die ausgeklügelte Befestigungsanlage geht auf Umbauarbeiten im Laufe des 16. Jahrhunderts zurück. Aus der Zeit stammt auch das massive **Spanische Tor**, durch das man über die Zugbrücke in den ersten Burghof mit dem beeindruckenden **Palazzo Signorile** gelangt. Der gotische Baustil prägt die zunächst militärisch genutzte Höhenburg, die später in ein Renaissance-Schloss umgewandelt wurde und heute einen Teil des **Trentiner Landesmuseums** beheimatet. Zahlreiche Räume sind mit originalem Mobiliar ausgestattet. Der prächtigste ist die **»Stanza del Vescovo«**, das Bischofszimmer aus dem 16. Jahrhundert. 1992 hat die autonome Provinz von Trient das Schloss gekauft und 2010 für das Publikum geöffnet.

LOCANDA ALPINA Hier wird die Küchentradition des Nonstals mit besonderer Passion und Qualität gepflegt. Piazza Municipio 23, 38021 Brez, Tel. +39/0463/87 43 96, locandalpina.it
RISTORANTE PINETA Einladende Atmosphäre, gute Küche und tolle Weinauswahl. Via al Santuario 17, Frazione Tavon, 38010 Predaia, Tel. +39/0463/53 68 66, pinetahotels.i

SANZENO UND DAS RÄTISCHE MUSEUM

Der kleine Ort Sanzeno befindet sich auf einem Hochplateau zwischen den Flüssen Rio San Romedio und Rì Mar. Erste Spuren von menschlicher Besiedlung stammen von einem rätischen Stamm in der Bronzezeit. In Sanzeno starben 397 n. Chr. die drei Missionare Sistino, Martirio und Alessandro als Märtyrer den Flammentod. San Vigilio, der Bischof von Trient, ließ auf dem Platz des Massakers eine erste Kirche erbauen. Auf deren Grundmauern wurde ab 1480 die Basilika Santi Martiri Anauniesi mit den Reliquien der drei Heiligen errichtet. Die Kirche wurde im Laufe der Jahrhunderte mehrfach umgebaut und präsentiert sich heute im Stil der Gotik und Renaissance.

RÄTISCHES MUSEUM Der Bau des Rätischen Museums (Museo Retico) für Archäologie und Altertumsgeschichte im Val di Non ist eng mit der Entdeckung einer vorchristlichen Siedlung in Sanzeno verbunden. Der Besucher wird auf eine imaginäre Zeitreise geschickt: Er steigt in das Untergeschoss hinab und bewegt sich dann wie ein Archäologe durch verschiedene Schichten von der Vorgeschichte bis zum Frühmittelalter ins Erdgeschoss hinauf.

SANTUARIO SAN ROMEDIO

Knappe drei Kilometer von Sanzeno entfernt lädt einer der geschichtsträchtigsten und eindrucksvollsten Pilgerorte der Alpen zum Besuch. San Romedio liegt auf einer Höhe von 718 Metern und wurde auf einer 99 Meter hohen Kalksteinfelsnadel in der Schlucht am Zusammenfluss der Bäche Verdés und San Romedio errichtet. Die erste schriftliche Erwähnung eines dem heiligen Romedius geweihten Sanktuariums stammt

▲ San Romedio, einer der eindrucksvollsten Pilgerorte der Alpen ◀ Die Ursprünge der Kirche gehen auf das 12. Jahrhundert zurück. ▶ Apfelparadies Nonstal

aus dem 12. Jahrhundert. Laut Legende soll sich hier der reiche Romedius von Thaur in eine Einsiedelei zurückgezogen haben.

Der burgähnliche Bau ist Ergebnis einer fortschreitenden Bautätigkeit seit dem Hochmittelalter, mit der die ursprüngliche Einsiedelei in einen Wallfahrtsort verwandelt wurde. 131 steile Stufen bringen den Besucher bis auf den Gipfel des Felsens und führen an fünf kleinen, übereinander gebauten Kirchen vorbei.

Die auf der Höhe des Triumphbogens liegende **Kapelle des Heiligen Georg** wurde 1478 im spätgotischen Stil errichtet. Die **Kirche San Michele** wurde 1514 im Auftrag der Familie Thun erbaut. Ein kleines gotisches Spitzbogenportal führt vom Ende der Innentreppe in die **Kirche San Romedio**. Die dem Heiligen Romedius geweihte Kirche wurde im Jahr 1536 ebenfalls von der Familie Thun erbaut.

Hinter dem siebenstufigen Portal der Arcadia liegt mit der **Kapelle San Nicolò** und dem **Sanktuarium** der älteste Gebäudeteil des Wallfahrtsortes. Er wurde Ende des 12. Jahrhunderts errichtet. Der Freskenzyklus an den Wänden entstand 1612 und zeigt im Stile einer Armenbibel Szenen aus dem Leben des heiligen Romedius.

AUF EINEN BLICK

Info

STADT/REGION: Val di Non / Nonstal
BESTE REISEZEIT: März bis November
OPTIMALE REISEDAUER: 2–3 Tage
TOURISTINFO: Tourismusbüro Val di Non, Via Roma 21, 38013 Borgo d'Anaunia, Tel. +39/0463/83 01 33, visitvaldinon.it
Pro Loco Cles, Corso Dante 30, Cles, Tel. +39/0463/42 13 76, visitvaldinon.it

NICHT VERSÄUMEN

CASTEL CLES: Stammsitz der gleichnamigen Adelsfamilie. Via del Castello, 38023 Cles, Tel. +39/0463/83 01 33, visitvaldinon.it
CASTEL THUN: Eines der schönsten Schlösser des Trentino. Vigo di Ton, 38010 Ton, Tel. +39/0461/49 28 29, castelthun.com
MUSEO RETICO: Das Rätische Museum für Archäologie und Altertumsgeschichte im Val di Non. Via Rezia 87, 38010 Sanzeno, cultura.trentino.it
SANTUARIO SAN ROMEDIO: Einer der geschichtsträchtigsten Pilgerorte der Alpen. Via San Romedio, 38010 Predaia, Tel. +39/0463/53 61 98, santimartiri.org

CAMPING PARK BAITA DOLOMITI

ADRESSE: Via Cesare Battisti 18, 38011 Sarnonico, Tel. +39/0463/83 01 09, baita-dolomiti.it
GPS: 46.32586, 10.86120
Campingplatz in Sarnonico in der Alta Val di Non mit geräumigen Stellplätzen, Restaurant, Bar, zwei Schwimmbädern und gepflegten Sanitäreinrichtungen.

◀ 7000 Hektar Apfelplantagen ▶ Das Kirchlein San Tommaso in Cavedago

VAL DI SOLE

In der Welt der Berge

Der Monticello-See – zwischen dem Passo Tonale und dem Presena-Gletscher

Zwischen den Berggruppen des Ortlers, der Adamello-Presanella und den Brenta-Dolomiten verläuft entlang des Noce das Gebirgstal Val di Sole im nordwestlichen Trentino. Die 13 Gemeinden der Talgemeinschaft liegen in der Talsohle und an den Berghängen des Tals. Zwei kleine Seitentäler, das Val di Pejo und das Val di Rabbi, führen noch weiter hinein in die faszinierende Bergwelt.

Das Val di Sole - Sulztal ist die alte deutsche Bezeichnung - ist ein typisches von Gletschern geformtes Erosionstal. Es beginnt bei der Mostizzolo-Schlucht beim Lago di Santa Giustina und zieht sich in südwestlicher Richtung bis zum 1883 Meter hohen Tonalepass, der Grenze zur Lombardei. Die Nordhänge hin zum 3905 Meter hohen Ortler und zum Nationalpark Stilfser Joch werden von längeren Seitentälern durchschnitten. Die Südhänge führen im ersten Teil des Tals in die Brentadolomiten und weiter westlich in die Presanella- und Adamello-Gruppe. Der Fluss Noce entwässert das Tal.

CAVIZZANA UND CALDES

Die erste Ortschaft an der orografisch linken Talseite ist das kleine, ländlich geprägte Cavizzana auf 710 Meter Meereshöhe. Die Pfarrkirche im gotisch-alpinen Stil geht auf das 14. Jahrhundert zurück und ist dem heiligen Martin geweiht. An der alten Verbindungsstraße von Cavizzana nach Caldes steht der Felsblock »Sass de la Guardia«. Das eingemeißelte Jahr 1632 erinnert an die Pestepidemie, die im Val di Sole wütete.
Caldes mit seinem Schloss liegt schräg gegenüber, mitten in Apfel- und Ostwiesen. Das sagenumwobene Castel Caldes wurde um 1230 erbaut und letzthin restauriert. Die kleine, der Jungfrau Maria geweihte Kapelle ist mit einem Freskenzyklus von Elia Naurizio ausgestaltet. Die Burg kann besichtigt werden. Die Rocca di Samoclevo in der höher gelegenen gleichnamigen Siedlung thront auf 1000 Meter Höhe über dem Tal.

TERZOLAS

Wenige Kilometer talaufwärts liegt im Mündungsgebiet des Rabbitals auf 755 Meter Meereshöhe die Gemeinde Terzolas mit den Weilern Magràs und Arnago. Im Renaissance-Ansitz Torraccia aus dem 16. Jahrhundert residierten die einstigen Feudalherren. Im Palazzo am Marktplatz ist heute das Rathaus untergebracht. In Terzolas steht heute die Produktion von Melinda-Äpfeln im Mittelpunkt. Daneben ist der Ort für seinen traditionellen Käse bekannt. Im Caseificio Sociale Cercen wird seit 1971 die Milch aus dem unteren Val di Sole und dem Val di Rabbi verarbeitet.

DER HAUPTORT MALÉ

Auf der sonnigen Hochebene am Zusammenfluss der Flüsse Noce und Rabbi liegt auf 736 Meter Meereshöhe Malé, der Hauptort des Val di Sole. Mit seinen 2200 Einwohnern ist es das administrative und kulturelle Zentrum des Tals. Die aus dem 16. Jahrhundert stammende Pfarrkirche Santa Maria Assunta bildet den Mittelpunkt der Gemeinde. Das Volkskundemuseum des Val di Sole, das Museo Etnografico, lädt im ehemaligen Palazzo Pretorile zum Besuch. Hier kann man in die traditionellen Handwerksberufe des Tals eintauchen. Sehenswert sind auch das venezianische Sägewerk, ein Bauwerk aus dem Jahr 1770 und die Fucina Marinelli del Pondasio, eine der wenigen noch funktionierenden hydraulischen Schmieden im Alpenraum. Mit seinem modern geprägten Erscheinungsbild – ein verheerender Brand hat 1892 weite Teile des alten Dorfes zerstört – ist der Ort heute ein beliebtes Tourismuszentrum im Tal. Malé bietet zahlreiche Sport- und Freizeitmöglichkeiten. Das Acquacenter Val di Sole lädt mit drei Hallenbädern ein.

Detail und Dorfansicht von Malé, dem Hauptort des Val di Sole

Zu Abenteuern für Groß und Klein lädt der Flying Park bei Malé.

FLYING PARK MALÉ Aufregende Abenteuer für Groß und Klein bietet der Flying Park Malé in der Ortschaft Regazzini, rund 1,5 Kilometer vom Zentrum Malés entfernt, darunter zehn Parcours in verschiedenen Schwierigkeitsgraden, sieben Kletterrouten sowie einen freien Fall aus 15 Metern (flyingpark.it).

VAL DI RABBI

Das nordwestlich ausgerichtete, lang gezogene Seitental Val di Rabbi schlängelt sich von Malé rund zwölf Kilometer entlang des Wildbachs Rabbi von 800 bis auf 1400 Meter Seehöhe hinein in den Nationalpark Stilfserjoch. In Rabbi Fonti befinden sich die Thermen von Rabbi mit ihrer eisenhaltigen Wasserquelle. Der Quelle »Antica Fonte« wird besondere Heilkraft zugeschrieben, weshalb es schon seit Jahrhunderten Menschen nach Rabbi zieht. Hier befindet sich auch ein Besucherzentrum des Nationalparks Stilfser Joch.

Das noch weitgehend unberührte Tal ist ein beliebtes Ziel für Menschen, die Erholung in der Natur suchen. Taleinwärts führt die Straße bis zur Alm Stablasol, von der aus das Rifugio Dorigoni auf 2496 Metern, die 3349 Meter hohen Veneziaspitzen und die mit 3436 Meter noch höhere Hintere Eggenspitze erreichbar sind.

Bären sorgen im Trentino immer wieder für Aufregung ... nicht nur bei Bienen.

AGRITURISMO SOLASNA Tortel di Patate, Spätzle und Knödel in typischer Atmosphäre. Via della Valle 14, Caldes, Tel. +39/0463/90 20 73, agritursolasna.it

ANTICA OSTERIA Käse und Wurstwaren, frische Forellen, Wildgerichte und mehr. Via Venezia 11, Ossana, Tel. +39/0463/75 17 13

AGRITURISMO RUATTI Traditionelle Hausmannskost und Grillgerichte. Frazione Pracorno 95, Rabbi, Tel. +39/0463/90 10 70, agriturruatti.it

VON CROVIANA NACH DIMARO FOLGARIDA

Gleich hinter Malé folgt das Dorf Croviana, hinter dem sich der Talgrund zu einer lang gezogenen Ebene ausgebildet hat, die sich bis nach Monclassico erstreckt. Überragt wird das Dorf vom Castello dei Pezzen mit seinem Bergfried und den Ecktürmchen aus dem 16. Jahrhundert, einst die Residenz der Grafen von Thun. Die gotische Pfarrkirche San Giorgio mit Holzikonen stammt aus der Mitte des 13. Jahrhunderts.

Am Ufer des Noce, in der Ortschaft Fosine, befindet sich eine alte Mühle aus dem 18. Jahrhundert. Dort ist heute das MMape, ein Bienenmuseum, eingerichtet – ein Ort, an dem Wissenschaft und Natur verschmelzen. Hier kann man in die faszinierende Welt der Bienen eintauchen, ihre Gewohnheiten, die Gefahren, denen sie täglich ausgesetzt sind, sowie das arbeitsreiche und faszinierende Leben im Bienenstock kennenlernen.

Dimaro, Monclassico, Presson, Carciato und Folgarida am Verbindungsweg von der Val di Sole über den Campo Carlo Magno Pass nach Madonna di Campiglio bilden gemeinsam die Gemeinde Dimaro Folgarida.

Tipp

Bei einem Spaziergang durch die Dörfer Monclassico und Presson können zahlreiche kleine Kunstwerke in verschiedenen Farben und unterschiedlicher Größe bestaunt werden. Insgesamt 50 Sonnenuhren wurden seit 2001 von berühmten Künstlern auf den Häuserfassaden gestaltet. Der Verein Le Meridiane organisiert Führungen.

COMMEZZADURA UND MEZZANA/MARILLEVA

Bei Dimaro verengt sich das Tal und steigt leicht an. Zwischen Mestriago und Piano in der Gemeinde Commezzadura liegt die Chiesa di Sant'Agata, eine der eindrucksvollsten Kirchen im Tal. Die Urkirche wurde bereits 1439 erwähnt und ist in der Apsis mit Fresken aus dem Leben der heiligen Agata geschmückt.

Weiter talaufwärts erreichen wir auf einer Meereshöhe von 940 Metern den zweitgrößten Ort des Tals, Mezzana. Der historische Ortskern ist geprägt von steilen Gassen und einigen herrschaftlichen Gebäuden wie der Casa Maturi aus dem 16. Jahrhundert, der Pfarrkirche der Heiligen Peter und Paul und der Filialkirche Madonna di Caravaggio.

◀ Kristallklares Wasser ▶ Galleria Paradiso: Zeitzeugen aus dem Ersten Weltkrieg

Marilleva 900 nennt sich das Dorf am Ufer des Flusses Noce auf 900 Meter Meereshöhe. Die 1400 Meter hoch gelegene Retortensiedlung Marilleva ist im Jahre 1972 als touristisches Zentrum mit rund 7000 Gästebetten entstanden. Die beiden Orte sind durch eine Zwölfer-Gondelbahn miteinander verbunden. Skifahrern stehen insgesamt 150 Pistenkilometer zur Verfügung.

ZUM LAGO DEI CAPRIOLI Fünf Kilometer oberhalb von Pellizzano liegt auf 1280 Meter Höhe der idyllische Lago dei Caprioli, der »See der Rehe«. Die gemütliche, zweieinhalbstündige Wanderung dorthin beginnt bei der zweiten Kehre der Straße, die nach Fazzon-Lago dei Caprioli führt. Von hier aus startet der Lehrpfad »Senter dela Palù«, auch »Sentiero degli Gnomi« genannt, der zur Malga Bassa di Fazzon führt.

ÜBER VERMIGLIO ZUM TONALEPASS

Der Abschnitt des Val di Sole, der zum Tonalepass hinaufführt, wird auch Vermigliotal genannt. Vermiglio liegt auf 1260 Meter Meereshöhe, ist die letzte Gemeinde des Tals und bildete die ehemalige Grenze zwischen Österreich-Ungarn und Italien.

◀ Das Forte Strino aus dem Ersten Weltkrieg ▶ Vermiglio am Ende des Tals

▲ Gletscher-Rettungsaktionen unterhalb der Cima Presena ◀ Kriegsmuseum Forte Strino ▶ Der Tonalepass trennt das Trentino von der Lombardei.

Auf halbem Weg zwischen Vermiglio und der Passhöhe befindet sich die **Festung Forte Strino**, ein wichtiger Zeitzeuge aus dem Ersten Weltkrieg. Die Befestigungsanlage zählt zu den bedeutendsten Verteidigungsanlagen und wurde zwischen 1860 und 1912 von der habsburgischen Regierung erbaut. Forte Strino beherbergt heute eine Dauerausstellung mit Exponaten, Dokumenten und Fotografien zum Ersten Weltkrieg.
Der **Tonalepass** selbst, ein uralter Übergang zwischen dem Val di Sole und der Valcamonica, liegt auf 1883 Metern und verbindet das Trentino mit der Lombardei.

Tipp

Bei der Bergstation der Paradiso-Kabinenbahn auf 2573 Meter Höhe lohnt ein Besuch der **Galleria Paradiso**. Der 60 Meter lange Tunnel aus Granitgestein wurde von den Soldaten während des Ersten Weltkriegs gegraben, um sich vor Kälte und feindlichen Artillerieangriffen zu schützen. Heute ist hier ein **Multimedia-Museum** mit dem Titel »Suoni e Voci della Guerra Bianca« (Klänge und Stimmen des Weißen Krieges) eingerichtet.

Mit dem Sessellift geht's hinauf zur Cima Presena.

VAL DI PEJO

Die Ortschaften im Pejotal liegen bis auf den Hauptort Cogolo alle auf Hangterrassen. In **Cogolo** wird das bekannte Pejo-Mineralwasser abgefüllt. Dieses hat therapeutische Wirkung und hilft bei Beschwerden des Verdauungssystems, Stoffwechselstörungen, Rheuma und Hautkrankheiten. Die örtlichen Thermalstrukturen verfügen über **drei Quellen**: die »Fonte Alpina«, die »Nuova Fonte« und die »Antica Fonte«. Der Kurort **Pejo Fonti**, auch als Pejo Terme bekannt, liegt auf einer Höhe von 1397 Metern und die alte Siedlung von Pejo am Hang des imposanten Monte Vioz auf knapp 1600 Metern.

Das Tal im Nationalpark Stilfserjoch wird von einigen der höchsten Gipfel des Trentino eingerahmt: Cevedale (3764 m), Palon de la Mare (3703 m), Vioz (3644 m) und San Matteo (3684 m).

Tipp

Die 2011 eingeweihte **Seilbahn Pejo 3000** bringt die Gäste auf 3000 Meter Meereshöhe. Dort öffnen sich atemberaubende Panoramablicke auf die höchsten Berggipfel der Ostalpen, vom Adamello-Massiv bis zur Marmolada. Die Skiläufer erwartet eine traumhafte Abfahrt von fast acht Kilometer Länge bis nach Pejo Fonti. Seit 2019 ist Pejo 3000 das erste Skigebiet in Europa, das auf Plastik verzichtet.

3

VAL DI SOLE Der Radweg Val di Sole startet in Cogolo di Pejo und verläuft entlang des Flusses Noce durch eine zauberhafte Landschaft bis ins Nonstal bei der Brücke von Mostizzolo. Die durchgehend asphaltierte Strecke ist knappe 34 Kilometer lang. Regionalzüge mit Fahrradtransport verkehren auf der teils parallel zur Radroute bestehenden Bahnlinie Trient–Marilleva 900 (Nonstalbahn).

◀ Rafting: ein Kräftemessen mit den Naturgewalten der Bergbäche ▲ Auf dem 34 Kilometer langen Radweg Val di Sole ▼ Für den Hunger zwischendurch

AUF EINEN BLICK

Info

STADT/REGION: Val di Sole
BESTE REISEZEIT: ganzjährig
OPTIMALE REISEDAUER: 3–5 Tage
TOURISTINFO: Azienda per il Turismo delle Valli Di Sole, Peio e Rabbi, Via Marconi 7, 38027 Malé, Tel. +39/0463/90 12 80, visitvaldisole.it
Val di Pejo, Via delle Acque Acidule 8, 38024 Peio Fonti, Tel. +39/0463/75 31 00, visitvaldisole.it
Passo Tonale, Via Nazionale 12, 38029 Passo Tonale, Tel. +39/0364/90 38 38, visitvaldisole.it

NICHT VERSÄUMEN

MUSEO ETNOGRAFICO DELLA CIVILTÀ SOLANDRA: Das Volkskundemuseum lädt zur Entdeckungsreise durch Geschichte, Tradition und Brauchtum im Tal. Piazza Giuseppe Garibaldi 6, 38027 Malé, Tel. +39/0463/90 30 85, centrostudiperlavaldisole.it
NATIONALPARK STILFSERJOCH: Der Nationalpark ist eines der größten hochalpinen Naturschutzgebiete Europas. Besucherzentrum Rabbi, 38020 Rabbi Fonti, Tel. +39/0463/90 97 74, parcostelviotrentino.it
Centro Visitatori Pejo, Via Roma 65 a, 38024 Cogolo di Pejo, Tel. +39/0463/90 97 73, parcostelviotrentino.it
MMAPE MULINO MUSEO DELL'APE: Museum der Welt der Bienen. Via al Molin 3, 38027 Croviana, Tel. +39/328/328 57 80, apslalveare.it

◀ Im Volkskundemuseum im Palazzo Pretorile in Malé ▶ Im Forte Strino

Wohnwagenstellplätze für den Aufenthalt zwischendurch

CASTEL SAN MICHELE: Beeindruckende Burganlage. Via al Castello, 38026 Ossana, Tel. +39/340/418 35 40
FORTE STRINO: Dauerausstellung zum Ersten Weltkrieg. Strada Nazionale SS42, 38029 Vermiglio, Tel. +39/0463/75 82 00, sulletraccedellagrandeguerra.it
GALLERIA PARADISO: Museumstunnel »Klänge und Stimmen des Weißen Krieges«. Bergstation Gondelbahn Paradiso, Passo Tonale, Tel. +39/0364/90 38 38, valdisole.net

CAMPING VAL DI SOLE

ADRESSE: Via Dossi di Cavia 3, 38024 Pejo, Tel. +39/0463/75 31 77, valdisolecamping.it
GPS: 46.213045, 10.405110
Terrassenplatz in ruhiger und sonniger Lage. Er ist gut ausgestattet, mit Supermarkt, Bar, Barbecue zur freien Benutzung …

CAMPING CEVEDALE

ADRESSE: Via di Sotto Pila 2–4, 38026 Fucine/Ossana, Tel. +39/0463/75 16 30, campingcevedale.it
GPS: 46.308862, 10.735318
Der ganzjährig geöffnete Camping liegt nur 500 Meter vom Zentrum von Ossana entfernt. Mit dem Skibus sind es zehn Minuten zu den bekannten Skigebieten Val di Sole Tonale-Ponte Di Legno, Pejo, Marilleva-Madonna di Campiglio.

ALTOPIANO DELLA PAGANELLA & NATURPARK ADAMELLO-BRENTA

Atemberaubende Berge

Der Lago di Molveno wird von den Brenta-Dolomiten eingerahmt.

Die Hochebene der Paganella liegt westlich vom Etschtal zwischen Mezzolombardo und Trento/Trient und leitet in das Bergmassiv der Brenta-Dolomiten über. Fai della Paganella, Andalo und Molveno mit seinem idyllischen See laden zum Besuch. Parallel dazu öffnet sich die spektakuläre Bergwelt des Naturparks Adamello-Brenta.

Die höchste Erhebung des Altopiano della Paganella ist die 2125 Meter hoch gelegene Cima Paganella mit großartigem Panorama-Rundblick. Weitere Gipfel sind die Spaloti di Fai und der Becco di Corno im Norden sowie die Ausläufer Annetta und Vettorato im Süden.
Während die Ostseite des Altopiano della Paganella relativ steil gegen das Etschtal abfällt, ist die Westseite mit großen Waldflächen bedeckt. Wanderwege, Alm- und Schutzhütten sowie Skipisten und Sporteinrichtungen sorgen für regen Tourismus in einmaliger Naturlandschaft.
Zahlreiche Ausflugsmöglichkeiten, gemütliche Wanderwege für die ganze Familie, Hochgebirgswanderungen, Aufstiege zu Schutzhütten, Klettersteige und Mountainbike-Strecken bieten im Sommer viel Abwechslung. Im Winter ist die Paganella-Hochebene ein beliebtes Skigebiet, das ganz bequem in einer Viertelstunde von der Brennerautobahn aus erreichbar ist. Es ist Teil des großen Skikarussells Skirama Dolomiti Adamello-Brenta mit schnellen Aufstiegsanlagen und Pisten aller Schwierigkeitsgrade.

FAI DELLA PAGANELLA

Schon wenige Kilometer nach Mezzolombardo erreichen wir Fai della Paganella, das einstige Oberpfeidt oder Welsch-Faid. Die 900 Einwohner zählende Gemeinde liegt auf 958 Meter Höhe auf einer Gletscherterrasse oberhalb der Piana Rotaliana. Archäologische Ausgrabungen beim Castel Doss haben Spuren einer vorrömischen Besiedlung und einer Siedlung aus der Bronzezeit ans Licht gebracht.
Fai della Paganella ist heute ein beliebtes touristisches Zentrum, hat aber trotzdem seinen typisch ländlichen Charme erhalten. Einen Besuch wert sind die beiden Dorfkirchen, die **Pfarrkirche San Nicolò** und die ältere **Kirche San Rocco** in Cortalta. Der **Palazzo di Fai** wurde um 1620 von den Grafen Spaur als Sommerresidenz erbaut. Moderne Liftanlagen bringen die Gäste das ganze Jahr hindurch schnell und bequem auf die **Cima Paganella**.

RISTORANTE BUCANEVE Im Zentrum von Molveno, bodenständige Küche mit einheimischen Produkten. Via Giuseppe Garibaldi 50, 38018 Molveno, Tel. +39/0461/58 64 64. molveno.it

RISTORANTE TRATTORIA AL FAGGIO Gemütliches Ambiente, gutes Essen und angenehmer Service. Via Fovo 11, 38010 Andalo, Tel. +39/0461/58 53 08, ristorantetrattoriaalfaggio.it

RIFUGIO LA RODA Gute Auswahl an lokalen Gerichten, atemberaubende Aussicht inklusive. Cima Paganella, 38010 Andalo, Tel. +39/340/584 18 90, laroda.it

ANDALO

Andalo gilt als sportliche Hochburg und Wintersportzentrum auf dem Altopiano della Paganella. Eingebettet zwischen dem Paganella-Massiv und der Brenta-Gruppe, bietet Andalo neben seinem grandiosen Panorama 25 modernste Aufstiegsanlagen mit insgesamt 50 Kilometer Abfahrtspisten, die bis zur Cima Paganella auf eine Höhe von 2125 Metern reichen. Für Langläufer steht eine mit Flutlicht ausgestattete, drei Kilometer lange Loipe, die um den kleinen See herumführt, und eine fünf Kilometer lange Loipe durch die Fichtenwälder zur Verfügung. Eisläufer können sich in der neuen Eissporthalle austoben.

Ganz in der Nähe des Stadtparks Andalo Life Park trifft man auf den Andalosee, einen periodischen Karstsee, der im Laufe eine Jahres seinen Anblick ändert. Das Wasser fließt im Frühling aus einer Reihe von natürlichen Trichtern und füllt die im Kalkstein gegrabenen Mulden. In den Trockenperioden im Winter verschwindet es dann wieder in den Untergrund.

Der Bocchette-Klettersteig ist einer der großen Klettersteigklassiker Europas.

Die Überreste der Pfahlbauten von Fiavé, die bis 2300 v. Chr. zurückreichen

VOM ANDALO-SEE AUS führt ein drei Kilometer langer, ebener Schotterweg durch den Park von Andalo und durch Lärchenwälder in die hübsche Ortschaft Priori in der Gemeinde Cavedago. Auf der Strecke werden auch Pferdekutschenfahrten angeboten. In Priori lohnt sich eine Einkehr in der gemütlichen Tana dell'Ermellino. Tel. +39/348/210 56 89

MOLVENO

Das 1000 Einwohner zählende Dorf Molveno liegt eingerahmt von den Brenta-Dolomiten ganz idyllisch am Ufer des gleichnamigen Sees. Der Molvenosee, in dem sich die Brenta-Gipfel spiegeln, wird Jahr für Jahr von der Umweltorganisation Legambiente und dem Touring Club Italiano unter den schönsten und saubersten Badeseen Italiens gelistet. Als »edlen Stein in noch edlerer Schatulle« bezeichnete ihn der italienische Schriftsteller und Poet Antonio Fogazzaro schon im 19. Jahrhundert.
Der See ist natürlich die Hauptattraktion in Molveno, vor allem im Sommer. Schwimmen, Surfen, Boot- und Kanufahren sowie Paddeln und Spaziergänge entlang der Ufer stehen hier auf dem Programm. Der weite Strand am Seeufer eignet sich bestens zum Sonnenbaden und Relaxen. Die Verantwortlichen der Gemeinde unternehmen alles, um Natur, Kunst, Tradition und Önogastronomie mit nachhaltigem Tourismus und geringer Umweltbelastung in Einklang zu bringen.

Die Paganella-Hochebene leitet in das Bergmassiv der Brenta-Dolomiten über.

Tipp

500 Meter über dem Molvenosee, auf 1367 Meter Höhe, befindet sich die **Pradel-Hochebene**, eine bewaldete Anhöhe mit Wiesen und Hängen und beliebter Ausgangspunkt für viele Trekking-Routen. Der Forest-Abenteuerpark lockt Groß und Klein mit fünf Routen in Seilgärten, über Hängebrücken und Netze. Zu Fuß ist Pradel in einer guten Stunde von Molveno aus erreichbar. Die Kabinenbahn startet im Zentrum von Molveno und schafft den Höhenunterschied in fünf Minuten.

SAN LORENZO IN BANALE

San Lorenzo in Banale am südlichen Ausläufer der Paganella-Hochebene, am Fuße des Val d'Ambiez, ist aus dem Zusammenschluss von sieben antiken Weilern entstanden. San Lorenzo gehört mit seinem ländlichen Charme zu den »Borghi più belli d'Italia«, zu den schönsten Dörfern Italiens. Die Kirche Santi Sebastiano e Rocco aus dem 16. Jahrhundert ist mit wertvollen Bildern der Künstlerfamilie Baschenis ausgestattet. Im Zentrum von San Lorenzo lädt die Chiesa San Giorgio mit Fresken von Cristoforo II. Baschenis zum Besuch. Das Landhaus Casa del Parco »C'era una volta« aus dem 18. Jahrhundert freut sich im Sommer auf Besuch.

Der größte Fest des Jahres ist die »Sagra della Ciuìga«, immer zwischen Ende Oktober und Anfang November. Die Ciuìga ist ein typisches Produkt der Gegend: Die geräucherte Wurst aus Schweinefleisch wird mit gekochtem und gehacktem Kohlrabi verfeinert und gilt als echtes »Slow Food«-Produkt.

COMANO TERME

Ganz in der Nähe liegt Comano Terme, eine Naturoase für echte Wellness-Erlebnisse und dermatologisches Exzellenzzentrum. Das Wasser von Comano, das bereits den Römern bekannt war, hat einen niedrigen Mineralgehalt, eine konstante Temperatur von 27 Grad und einen nahezu neutralen pH-Wert: Eigenschaften, die es in Italien einzigartig machen. Das Wasser eignet sich zur Behandlung von Hauterkrankungen und zur Behandlung und Vorbeugung von chronischen Atemwegsentzündungen und allergischen Erkrankungen.

CASTEL STENICO war seit dem 12. Jahrhundert im Besitz der Fürstbischöfe von Trient, die ihre Macht auch in den abgelegenen Gebirgstälern ausübten. Sehenswert sind neben der Capella di San Martino mit Fresken aus dem 13. Jahrhundert die schön möblierten Räume, ein archäologischer Bereich, Fresken und alte Waffen.

NATURPARK ADAMELLO-BRENTA

Der Parco Naturale Adamello-Brenta ist mit 620 Quadratkilometern das größte Naturschutzgebiet des Trentino. Das Val Rendena trennt die beiden Gebirgszüge der Brenta und das Adamello-Massiv. Das Val di Sole, das Nonstal und das Gebiet der Giudicarie im Süden umgeben den Natur-

◀ Brunnen in Comano Terme ▶ Das Castel Stenico aus dem 12. Jahrhundert

◀ Der 1923 eröffnete Golf Club Campo Carlo Magno in Madonna di Campiglio
▲ Mit der Seilbahn auf die Brenta-Gipfel ▼ Camping in Madonna di Campiglio

park. Er erstreckt sich von 477 Meter bis hinauf auf 3558 Höhenmeter zum höchsten Gipfel **Monte Adamello**.

Die Landschaft und Vegetation des Parks ist typisch für den zentral-südlichen Alpenbogen. Nadelwälder bedecken die Berghänge bis auf 1800 Meter. Oberhalb weichen die Wälder, die ein Drittel der Naturparkfläche einnehmen, alpinen Wiesen, Almen und felsdurchsetzten Gebieten, die sich bis über 2500 Meter erstrecken. Dank seiner einzigartigen Geologie und seines geomorphologischen Erbes gilt der Naturpark als UNESCO Geopark. Gut angelegte Wege und Klettersteige führen mit einem Netz von Schutzhütten kreuz und quer durch diesen Teil der Alpen. Der **Bocchette-Weg** in der Brenta-Gruppe etwa ist eine der berühmtesten alpinen Höhenrouten und die vielleicht schönste zusammenhängende Klettersteiganlage der Alpen.

MADONNA DI CAMPIGLIO

Unweit vom Gebirgspass Campo Carlo Magno, der die Täler Val di Sole und Val Rendena miteinander verbindet und die beiden Gebirgsmassive Brenta und Adamello trennt, liegt Madonna di Campiglio, einer der bekanntesten und beliebtesten Wintersportorte Italiens. Auf der Piste »3-Tre« werden alljährlich spannende Weltcuprennen ausgetragen. Der Sommergast wiederum findet in Madonna di Campiglio ein kleines Stück Geschichte des europäischen Golfsports: Der Golf Club Campo Carlo Magno wurde vom Engländer Henry Cotton im Jahr 1923 eröffnet.

AUF EINEN BLICK

Info

STADT/REGION: Altopiano della Paganella und Naturpark Adamello-Brenta
BESTE REISEZEIT: ganzjährig
OPTIMALE REISEDAUER: 3–5 Tage
TOURISTINFO: APT Dolomiti Paganella, Piazza Dolomiti 1, 38010 Andalo, Tel. +39/0461/58 58 36, paganella.net
Società Incremento Turistico Molveno, Via Lungolago 27, 38018 Molveno, molveno.it
Parco Naturale Adamello Brenta, Via Nazionale 24, 38080 Strembo, Tel. +39/0465/80 66 66, pnab.it

NICHT VERSÄUMEN

ALTOPIANO DI PRADEL: Panorama-Hochebene mit Forest-Abenteuerpark. funiviemolveno.it
TERME DI COMANO: Naturoase für echte Wellness-Erlebnisse. Loc. Terme di Comano 6, 38070 Ponte Arche , Tel. +39/0465/70 12 77, termecomano.it
CASTEL STENICO: Burg der Fürstbischöfe von Trient. Val Giudicarie, 38079 Stenico, Tel. +39/0465/77 10 04, buonconsiglio.it
NATURPARK ADAMELLO-BRENTA: Haus des »UNESCO Geoparks«, Carisolo, Val Rendena, Tel. +39/0465/50 30 53, pnab.it
Haus des »Flora«-Parks, Stenico, Val Giudicarie, Tel. +39/0465/702579, pnab.it
Haus des »C'era una volta«-Parks, San Lorenzo in Banale, Tel. +39/0465/73 40 40, pnab.it

CAMPING ANDALO LIFE

ADRESSE: Viale Del Parco 4, 38010 Andalo, Tel. +39/0461/58 57 53, andalo.life
GPS: 46.17148, 11.00596
Der Platz liegt in einem großen Park mit zahlreichen Möglichkeiten für Sport, Spaß und Unterhaltung und vielen Aktivitäten und Spielen für Kinder und die ganze Familie. Der Campingplatz und Andalo Life Park sind nur wenige Hundert Meter vom Stadtzentrum von Andalo entfernt.

VAL DI CEMBRA & ALTOPIANO DI PINÉ

Wein und Brauchtum

Cembra ist Hauptort des Tals und Zentrum des Weinanbaus.

Das Val di Cembra, das Cembratal, ist ein linkes Seitental des Etschtals. Es beginnt bei Lavis und folgt dem Verlauf des Flusses Avisio bis nach Capriana, der Grenze zum Fleimstal. Das Cembratal und die angrenzende Hochebene von Piné mit ihren idyllischen kleinen Dörfern werden vom Wein- und Apfelanbau, von Wäldern und Seen geprägt.

Die 2006 gegründete Talgemeinschaft Val di Cembra wird den sieben Gemeinden Giovo, Cembra-Lisignago, Altavalle, Sover, Segonzano, Lona-Lases und Albiano gebildet. Mittelpunkt der Hochebene von Piné, des Altopiano di Piné, ist der Wallfahrtsort Baselga di Piné. Der Avisio, der in den Dolomiten entspringt und im oberen Verlauf durch das Fassa- und das Fleimstal fließt, hat im Cembratal eine tiefe Schlucht in die Porphyrwände gegraben. Steinbrüche und Porphyrabbau haben lange Zeit das Tal geprägt. Heute sind es vor allem Reben, die das sonnige Cembratal zu einem der Vorzeige-Weinanbaugebiete des Trentino gemacht haben.

GIOVO

Giovo mit seinen zahlreichen kleinen Ortsteilen liegt gleich oberhalb von Lavis am Eingang des Cembratals. Weingärten und traditionelles Handwerk stehen hier im Zentrum. Die vielfach steil zum Avisio abfallenden Hängeterrassen sind mit – teils bis zu 100 Jahre alten – Rebstöcken bepflanzt. Müller Thurgau und Nosiola geben in den Weinbergen den Ton an.
Das Castello della Rosa in Giovo ist nur mehr teilweise erhalten. Von den auf einem Hügel stehenden Ruinen der Kirche von San Giorgio und der alten Kirche San Floriano in Valternigo genießt man einen herrlichen Panoramablick über das Tal. Giovo ist ein idealer Ausgangspunkt für Ausflüge, zu Fuß oder mit dem Fahrrad. Tourenangebote des Vereins Parcheggia e Cammina (»Parke das Auto und wandere«) gibt es online (visittrentino.info).

CEMBRA LISIGNAGO

Auf einer breiten eiszeitlichen Naturterrasse liegt die Gemeinde Cembra Lisignago mit den beiden Ortschaften Cembra und Lisignago. Cembra, Hauptort des Tals, ist Zentrum des Weinanbaus. Auch das Grappa-Brennen hat hier eine lange Tradition. Die gotische Chiesa di San Pietro im Dorfzentrum lädt mit ihren eindrucksvollen Fresken zum Besuch.

5

WANDERZIELE Ein lohnendes Ausflugsziel zu jeder Jahreszeit ist der 1200 Meter hoch gelegene Lago Santo, der »Heilige See«. Der idyllische See mitten im Grünen war schon Motiv für mehrere Aquarelle von Albrecht Dürer. Für eine Wanderung ab Fadana di Cembra sollten 2,5 bis drei Stunden Gehzeit eingeplant werden.

Lisignago liegt etwas tiefer als Cembra auf 580 Meter Meereshöhe. Sehenswert sind hier die im 13. Jahrhundert erstmals erwähnte Kirche San Biagio mit ihrem mächtigen Glockenturm und die Kirche San Leonardo mit ihrem gotischen Kirchenportal und dem interessanten Freskenzyklus aus der zweiten Hälfte des 15. Jahrhunderts.

ALTAVALLE

Das weit verstreute Gemeindegebiet von Altavalle an der Nordseite des Cembratals setzt sich aus den vier urigen Ortschaften Faver, Grauno, Grumes und Valda zusammen. Faver liegt auf der rechten Seite des Tals zu Füßen des Monte Avvoltoio. Im Haus Tabarelli Fatis auf dem Dorfplatz im Ortsteil Vich wurde einst Recht gesprochen. Gleich daneben lädt die

Giovo mit seinen zahlreichen kleinen Ortsteilen liegt am Eingang des Cembratals.

Das 500 Einwohner zählende Grumes liegt auf 860 Meter Höhe.

Pfarrkirche der Santi Filippo e Giacomo zum Besuch. Das 500 Einwohner zählende **Grumes** liegt weiter oben auf 860 Meter Höhe. Das Rathaus im Neorenaissance-Stil und das alte »Canzeleri«-Haus dominieren das Dorfzentrum. Die Pfarrkirche aus dem Jahr 1497 mit dem von der Kirche getrennten Kirchturm ist der heiligen Lucia geweiht.

Valda an den südlichen Hängen des Monte Novaline hat den typischen Baustil der alten Dörfer des Cembratals beibehalten: mit aneinandergereihten Häusern mit Torbögen und Innenhöfen. Die fünf Dorfbrunnen dienten einst als Tränken und zum Waschen. Die »Fontana del Giubileo« auf dem Dorfplatz wurde 1908, zum 60. Thronjubiläum von Kaiser Franz Joseph I., erbaut. Daneben steht die 1537 erstmals erwähnte Chiesa di San Paolo mit ihrem Kreuzweg der Fleimstaler Schule. Der Lago di Valda auf 1300 Meter Meereshöhe ist eine einladende Oase der Ruhe und einen Besuch wert.

Grauno liegt am Rande des Naturparks Trudnerhorn und ist die letzte Ortschaft im Val di Cembra – ein perfekter Ausgangspunkt für Ausflüge zu Fuß und mit dem Fahrrad, etwa zum Naturlehrpfad »Sentiero Botanico-Naturalistico del Dossone di Cembra«. Grauno ist für seine alten Faschingstraditionen bekannt. Am Faschingsdienstag wird eine hohe Föhre durch die Straßen des Ortes geschleppt und dann in einem großes Loch, der »Busa del carnevàl«, aufgestellt. In der Abenddämmerung wird sie nach einem antiken Ritual verbrannt.

Das schmucke Grauno ist die letzte Ortschaft in der Val di Cembra.

AGRITURISMO LE CAVADE Lokale Spezialitäten in gemütlichem Ambiente. Via Cavade 1, 38034 Cembra, Tel. +39/328/028 99 22, agriturlecavade.it

RISTORANTE 2 CAMINI Lokale Produkte und Spezialitäten, gute Weinauswahl. Via 26 Maggio 65, 38042 Baselga di Piné, Tel. +39/0461/55 72 00, locanda2camini.it

OSTERIA DEL GRILLO Lokale Küchentradition mit frischen Produkten aus dem Tal. Via Chiesa 17, 38092 Grauno, Tel. +39/0461/68 80 27

SEGONZANO

Segonzano mit seinen 15 schmucken Fraktionen liegt auf einer Höhe von 500 (Weiler Pra) bis 1000 Metern (Weiler Quaras) an den weitläufigen West- und Nordwesthängen des Dosso di Segonzano und Ceramont. Die Bevölkerung widmet sich hier vor allem der Landwirtschaft, der Weinwirtschaft, der Holz- und Porphyrverarbeitung sowie dem Kunsthandwerk. Von historisch-künstlerischem Interesse sind die Pfarrkirche in Stedro sowie die Kirche zum Heiligen Nikolaus in Sevignano. Ab Sabion beginnt die Straße zum bekannten und viel besuchten Wallfahrtsort »Santuario della Madonna dell'Aiuto«.

Das Castello di Segonzano aus dem 13. Jahrhundert thront auf einem Felsvorsprung oberhalb des Avisio. Ein Wanderweg führt von Corvaia, in der Nähe von Piazzo di Segonzano gelegen, direkt zu den Ruinen des Castello di Segonzano hinauf.

5

Tipp

Die **Erdpyramiden von Segonzano** sind ein Meisterwerk der Natur. Die bis zu 20 Meter hoch aufragenden einzigartigen Säulen mit den schützenden Porphyrplatten auf der Spitze gehören zu den weltweit bekanntesten und meist studierten geologischen Erscheinungen. Sie sind das ganze Jahr über auf einem gut markierten Wanderweg erreichbar.

AM DÜRERWEG Vom Klösterle in St. Florian bei Laag im Südtiroler Neumarkt führt der »Sentiero Albrecht Dürer« zu den Erdpyramiden bei Segonzano. Die 40 – von Dürer 1494 auf seiner ersten Reise nach Italien zurückgelegten – Kilometer über Buchholz bei Salurn, den Sauch-Pass und den Lago Santo bei Cembra können in acht bis neun Stunden bewältigt werden.

Die bis zu 20 Meter hoch aufragenden Erdpyramiden von Segonzano

5

LONA-LASES UND ALBIANO

Die Gemeinde Lona-Lases stellt die Verbindung zwischen dem Cembratal und dem Altopiano di Piné dar. Lona liegt auf einer Moränenterrasse, von welcher aus man einen herrlichen Blick auf das Val di Cembra und die Brenta-Dolomiten genießt. Lases, am Ufer des gleichnamigen Sees am Rand einer Hochebene, ist bei Wassersportfans und Anglern beliebt. Albiano, eines der Hauptzentren für die Erzeugung und Bearbeitung des bekannten roten Porphyrs, liegt im Herzen des Cembratals am linken Ufer des Avisio. Die historische Pfarrkirche San Biagio in gotischem Stil und gleich daneben die neue Kirche sind einen Besuch wert. Unweit des Dorfzentrums befindet sich zudem das eindrucksvolle Kirchlein San Antonio da Padova aus dem Jahr 1670.

Frühlingsstimmung im Dörfchen Albiano im Herzen des Cembratals

◀ Die Kirche San Rocco in Cembra ▶ Der Lago di Lases – bei Anglern sehr beliebt

BASELGA DI PINÉ

Baselga ist das wirtschaftliche, touristische und kulturelle Zentrum der Hochebene von Piné. Die Marienwallfahrtskirche von Montagnaga, einem Ortsteil von Baselga, ist die berühmteste im Trentino und jedes Jahr Ziel Tausender Gläubiger. Dort wird das Gemälde der Madonna von Caravaggio aufbewahrt. Neben der bekannten Wallfahrtskirche befinden sich in der Ortschaft auch weitere antike Bauten und Kirchen, etwa die alte Pfarre Santa Maria Assunta oder die kleine Kirche von San Rocco.

RUNDWANDERUNG UM DIE SEEN VON PINÉ Start ist in Serraia bei Baselga di Piné. Es geht am Ufer des Lago di Serraia in Richtung Rizzolaga und durch das Biotop Paludi di Sternigo. Am Ende des Sees führt die Straße über Rizzolaga nach Campolongo al Lago gleich zum zweiten See, dem Lago delle Piazze. Entlang seines Ufers geht es rund um den See zurück zum südöstlichen Ufer des Lago di Serraia, diesmal an der schönen Uferpromenade Lido (Streckenlänge: 9,1 Kilometer).

FORNACE

Fornace liegt zwischen dem Cembratal und dem Valsugana, östlich des Monte Piano. Die Gemeinde gruppiert sich rund um das Castello Roccabruna sowie die Pfarrkirche San Martino. Der Name der Ortschaft stammt von den Schmelzöfen für Silber, dem »Forno«, das in den nahen Bergwerken

◀ Die schmucke Pfarrkirche Santa Maria Assunta in Civezzano ▲ Torportal in Civezzano ▼ Fornace gruppiert sich rund um das Castello und die Pfarrkirche

abgebaut wurde. Die Umgebung von Fornace ist Teil des **Ökomuseums Argentario** (Monte Calisio), das zur Entdeckung dieser Gegend aus historisch-archäologischer und ökologischer Hinsicht einlädt.

DAS CASTELLO ROCCABRUNA ist auch als Schloss Fornace bekannt. Die im 13. Jahrundert erbaute Burg erhebt sich auf der Collina di San Martino und dient heute als Rathaus von Fornace. Im 16. Jahrhundert wurde Roccabruna zum Renaissance-Schloss und Wohnsitz der einflussreichen Trentiner Familie Roccabruna umgebaut.

CIVEZZANO

Im Hügelgebiet des Monte Calisio, nur wenige Kilometer von Trento/Trient entfernt, liegt Civezzano. Der Ort an der einstigen Via Claudia Augusta erlebte schon zur Zeit der Römer eine wirtschaftliche Blüte und war ein wichtiges Zentrum.

Das **Castel Telvana**, vor einigen Jahren liebevoll restauriert, ist heute Sitz der Gemeindeämter. Beim **Castello di Seregnano** handelt es sich um einen Neubau auf den Resten des antiken Schlosses. Der Palast wurde im herrschaftlichen Stil des 16. Jahrhunderts in wundervoller Panoramalage oberhalb des Valle del Sina erbaut.

AUF EINEN BLICK

Info

STADT/REGION: Val di Cembra und Altopiano di Piné
BESTE REISEZEIT: März bis November
OPTIMALE REISEDAUER: 2–3 Tage
TOURISTINFO: APT Altopiano di Piné e Valle di Cembra, Via C. Battisti 110, 38042 Baselga di Piné, Tel. +39/0461/55 70 28, visittrentino.info, visitpinecembra.it

NICHT VERSÄUMEN

LAGO SANTO: Wanderung zum »Heiligen See« beim Cembra. visitpinecembra.it
ERDPYRAMIDEN VON SEGONZANO: Ein besonderes Meisterwerk der Natur. visitpinecembra.it
CASTELLO DI SEGONZANO: Die Ruinen des mittelalterlichen Schlosses können frei besichtigt werden. SP 101, 38047 Piazzo di Segonzano, Tel. +39/0461/68 31 10, visitpinecembra.it
CASTELLO ROCCABRUNA: Renaissance-Schloss im Zentrum von Fornace. Piazza Castello 1, 38040 Fornace, Tel. +39/0461/84 90 23, visitpinecembra.it

CAMPEGGIO CANÈ IN FIORE

ADRESSE: Via al Fiore 3, 38042 Baselga di Piné, Tel. +39/0461/55 82 70, caneinfiore.it
GPS: 46.11957, 11.26060
112 Stellplätze unterschiedlicher Größe mit Elektro- und Wasseranschlüssen warten mitten im Grünen auf ihre Besucher.

CAMPEGGIO PINETA

ADRESSE: Loc. Lago Piazze, 38043 Bedollo di Piné, Tel. +39/0461/55 66 42, infopineta.it
GPS: 46.15495, 11.28647
Der Active Camping Pineta liegt ruhig und sonnig am Ufer des Lago delle Piazze auf der Hochebene von Piné. Der Campingplatz erstreckt sich auf einer Oberfläche von 7500 Quadratmetern und ist mit modernen Sanitärgebäuden, Bar und Restaurant ausgestattet.

VAL DI FIEMME

Willkommen im »lebendigen Tal«

Wandern und Radfahren auf der Strecke der alten Fleimstaler Bahnlinie

6

Das Val di Fiemme wird von zwei Naturparks und den Gipfeln der Dolomiten, die von der UNESCO zum Weltnaturerbe ernannt wurden, umrahmt: im Westen vom Naturpark Trudner Horn, im Norden durch die Dolomitenkette des Latemar und die Pale di San Martino, im Osten durch den Naturpark Paneveggio und im Süden durch die Bergkette des Lagorai.

»Fiemme Vallevviva« lautet der Slogan, mit dem sich die neun Gemeinden der Talgemeinschaft des Val di Fiemme auf Themen wie Luft- und Wasserqualität, historische Zentren, umweltverträgliche Mobilität, soziale Beziehungen in der Gemeinschaft und das Hervorheben der authentischen Elemente des Gebietes, die von der Geschichte, der Tradition und der örtlichen Kultur geprägt sind, konzentriert. Das Wortspiel setzt sich aus »Valle viva« (lebendiges Tal) und »evviva« (Hurra) zusammen und soll die Identität eines lebendigen Tals mit besonderer Lebensqualität zum Ausdruck bringen.

CASTELLO MOLINA

Castello Molina begrüßt die Gäste am Eingang des Val di Fiemme. Die Gemeinde liegt direkt am Fluss Avisio auf 850 bis 950 Meter Meereshöhe und besteht neben einigen kleineren Weilern aus den zwei größeren Ortsteilen Molina und Castello. Das tiefer gelegene Molina war in der Vergangenheit vor allem für seine Mühlen bekannt. Die dem Heiligen Antonius von Padua geweihte Pfarrkirche wurde 1852 erbaut.

Castello präsentiert sich in seinen historischen Ortsteilen noch mit der baulichen Struktur aus dem 16. Jahrhundert, die sich mit modernen Einschnitten mischt. Der Name stammt von der alten Burg, die sich auf einem Hügel der Ortschaft befand. 1296 wurde diese von den Bewohnern des Tals geplündert und in Brand gesetzt. Heute befindet sich an ihrer Stelle die Pfarrkirche des Heiligen Georg aus dem 19. Jahrhundert.

KLETTERSTEIG Castello Molina bietet seinen Gästen verschiedenste Freizeitaktivitäten. Ein Highlight im Sommer ist der Klettersteig, der zwischen den Gipfeln des Lagorais hinauf in das Cadino Tal und zum 2047 Meter hoch gelegenen Mangen-Pass, dem Übergang in das Valsugana, führt.

6

CASEIFICIO SOCIALE VAL DI FIEMME Große Auswahl an Spezialitäten mit lokalen Käse- und Milchprodukten von Kuh und Ziege mit verschiedenen Reifegraden. Via Bivio 8, 38033 Carano, Tel. +39/0462/340284, caseificiocavalese.it

CARANO, DAIANO UND VARENA

Das Bergdorf Carano liegt auf einer Naturterrasse über dem Tal an der Straße zur Lavazè-Hochebene auf den Resten einer historischen Befestigungsanlage aus der Bronzezeit. Das Zentrum überrascht mit schmucken Wandmalereien und Fresken. Der Brunnen am Dorfplatz wurde 1888 aus einem einzigen Felsblock gehauen. Die Pfarrkirche, 1150 erbaut, ist dem heiligen Nikolaus von Bari geweiht.

Daiano ist das kleinste Dorf im Fleimstal und gleichzeitig das mit den meisten Sonnentagen. Es liegt an den Hängen des Monte Corno Nero, des Schwarzhorns. Schon von Weitem erblickt man den Kirchturm mit der Zwiebelhaube, das Wahrzeichen des Dorfes. Dieser steht neben der 1761 erbauten gotischen Kirche zum heiligen Thomas.

Das 1180 Meter hoch gelegene Varena gehört zu den ältesten bewohnten Siedlungen im Trentino. Auffallend sind die vielen aus Porphyr und in einem Stück gehauenen Brunnen. Die gotische Kirche im Dorf ist den Heiligen Petrus und Paulus geweiht und geht auf das 13. Jahrhundert zurück.

◀ Bunte Bienenstöcke in Carano ▶ Dorfidylle in Varena

▲ Daiano, das kleinste Dorf im Fleimstal ▼ Wanderung zu den bizarren Vajolet-Türmen ▶ Die Pfarrkirche von Carano ist dem heiligen Nikolaus von Bari geweiht.

Tipp

Der 1805 Meter hohe **Lavazè Pass** ist nur acht Kilometer von Varena entfernt. Er bildet den Übergang vom Fleimstal ins Südtiroler Eggental. Von hier hat man beste Sicht auf die Rostengarten-Gruppe und die Latemar-Kette – besonders romantisch bei Sonnenuntergang. Im Sommer ist der Pass idealer Ausgangspunkt für Ausflüge zu Fuß oder mit dem Mountainbike. Im Winter lockt das bekannte Skigebiet Lavazè-Oclini/Jochgrimm mit 80 Kilometer Langlaufloipen, Abfahrtspisten, Schneeschuhrouten und einem Skicross-Park.

CAVALESE

Im Herzen des Val di Fiemme liegt das schmucke, 4000 Einwohner zählende Cavalese auf 1000 Meter Meereshöhe. Cavalese bildet den wirtschaftlichen, kulturellen und touristischen Mittelpunkt des Tals. Bei einem Spaziergang durch das Dorfzentrum findet man alles, was das Herz begehrt: Bekleidung und Schuhe, Schmuck und Geschenke, Handwerksartikel und lokale Spezialitäten, Weinbars, Cafés, Restaurants …

Als Wahrzeichen von Cavalese überragt der zinnengekrönte, 1805 nach einem Entwurf von Antonio Longo errichtete Glockenturm der Pfarrkirche San Sebastiano die Dächer der Stadt. Die Kirche selbst wurde um 1870 erbaut.

◀ Cavalese im Herzen des Val di Fiemme ▲ Der Renaissance-Palazzo »Magnifica Comunità di Fiemme« der Fleimstaler Talgemeinschaft ▼ Ein- und Ausblicke

Der gegen Ende des 13. Jahrhunderts errichtete **Palazzo »Magnifica Comunità di Fiemme«** der Fleimstaler Talgemeinschaft besticht durch seine historische Bedeutung und den künstlerischen Reichtum. Der Palazzo zählt zu den prominentesten Renaissance-Residenzen im gesamten Trentino und ist seit 1810 Verwaltungssitz der Talgemeinde. In den alten Räumen des ehemaligen Bischofspalastes präsentieren ein Museum und eine Pinakothek mit den Gemälden der großen Künstler der Scuola Pittorica di Fiemme die Geschichte des Tals. Die Magnifica Comunità di Fiemme verwaltet übrigens noch heute die Wälder und Almen des Tals und setzt sich für den Erhalt der historischen, sozialen und kulturellen Identität des Tals ein.
Nur wenige Schritte vom Zentrum entfernt liegt der Pieve-Park mit der erzpriesterlichen Kirche der Heiligen Jungfrau aus dem Jahr 1112 und der »Banco de la reson«, wo sich einst die Vertreter der Talgemeinde zu ihren Versammlungen trafen.

ZENTRUM FÜR ZEITGENÖSSISCHE KUNST Im antiken Palazzo Rizzoli an der Piazzetta Rizzoli befindet sich das Zentrum für zeitgenössische Kunst, das Centro d'Arte Contemporanea Cavalese, ein wichtiges und attraktives Fenster in die Gegenwartskunst der Region und darüber hinaus.

6

ALPE CERMIS Direkt im Dorf starten die Liftanlagen zur 2230 Meter hoch gelegenen Alpe Cermis und bringen Skifahrer sowie Wanderer in ein außergewöhnliches Bergpanorama mitten in der Lagorai-Kette. Die 7,5 Kilometer lange Olympia-Piste ist im letzten Stück auch nachts mit Flutlicht beleuchtet. Die Alpe Cermis gehört zum Skigebiet Dolomiti Superski, wo man mit einem einzigen Skipass 1200 Kilometer Pisten befahren kann.

Zu den Sehenswürdigkeiten der Gegend zählen auch der **Wasserfall von Cavalese** mit einem einladenden Rundweg nach Salanzada und ein Waldspaziergang zur jahrhundertealten **Denkmalfichte »Pezo del Gazolin«**. Für den notwendigen Adrenalinschub sorgt eine Rafting- oder Canyoning-Tour auf dem Wildbach Avisio. Zu den beliebten Veranstaltungen gehören in Cavalese der Weihnachtsmarkt, das Ziegenfest »Desmontegada de le caore« und die Bauernmärkte mit einem breiten Angebot an lokalen Spezialitäten.

Die moderne Talstation der Aufstiegsanlagen zum Skigebiet Alpe Cermis

6

TROTICOLTURA VINANTE Frische Forellen aus eigener Zucht und lokale Spezialitäten. Via Damiano Chiesa 2, 38033 Masi di Cavalese, Tel. +39/0462/34 03 67, troticolturavinante.it
RISTORANTE MIOLA Mitten in der Natur mit herrlichem Rundblick und typischer Regionalküche. Località Miola 1, 38037 Predazzo, Tel. +39/0462/50 19 24, ristorantemiola.com
RISTORANTE LA CANTINETTA Auf der Straße zum Lavazei-Pass. Via Val de Ru 11, 38030 Varena, Tel. +39/0462/34 26 95, lastregona-cantinetta.it

TESERO

Die Ortschaft Tesero liegt auf 1000 Meter Höhe und ist für ihr Kunsthandwerk, den Möbelbau und die Herstellung von Resonanzkörpern für Klaviere und Geigen weltweit bekannt. Im Dorfzentrum sind die Pfarrkirche des heiligen Elisäus mit dem eigenwilligen Kirchturm, die Kapelle des heiligen Rocco aus dem 16. Jahrhundert, die gotische Kirche der Heiligen Leonhard und Gotthard und das barocke Rathaus von historischem Interesse. In der Weihnachtszeit werden während der Aktion »Tesero und seine Krippen« in den Gassen, Höfen und Fenstern der Häuser um die hundert Krippen ausgestellt. Im Sommer sind die Straßen des Dorfes Schauplatz

◀ Ein Holzbildhauer bei der Arbeit ▶ Brunnen vor dem Rathaus in Tesero

Stava di Tesero auf der Strecke zum Lavazè Pass und der Alpe di Pampeago

für die Veranstaltung »Le corte de Tiezer«, die an das alte Handwerk und die traditionelle Küche und Musik aus Tesero erinnert.

Stava di Tesero befindet sich auf der Strecke zwischen Tesero, dem Lavazè Pass und der Alpe di Pampeago. Stava hat nach dem tragischen Unglück vom 19. Juli 1985 traurige Berühmtheit erlangt. Nach dem Bruch des Dammes eines Absetzbeckens eines Bergwerks hat eine Flutwelle 268 Menschen getötet. Die Gedenkstätten im Dokumentationszentrum von Stava erinnern an diesen Schicksalstag.

Nur 15 Autominuten von Tesero entfernt erreicht man die **Alpe di Pampeago**. Die Liftanlagen von Pampeago führen im Winter zum 45 Kilometer langen Skikarussell des Ski Center Latemar und im Sommer zum Kunstpark RespirArt und zu den Themenwegen des Latemarium.

KUNSTPARK RespirArt ist einer der höchstgelegenen Kunstparks der Welt. Auf dem drei Kilometer langen Rundweg warten zahlreiche aus natürlichen Materialien von international bekannten Künstlern geschaffene Kunstwerke auf die Besucher. Witterungseinflüsse ergänzen und formen die Werke im steten Wandel der Natur.

◀ Ruhige Dorfgasse ... ▶ ... und Murales in den Straßen von Predazzo

Jeden Sommer wiederum werden im originellen Freilichttheater beim Almgasthaus »Chalet Caserina« Konzerte und literarische Veranstaltungen abgehalten.

PREDAZZO

Das auf 1018 Meter Höhe gelegene Predazzo ist heute das Dorf mit der höchsten Bevölkerungsdichte im Val di Fiemme. Die 1870 erbaute neugotische Kirche der Heiligen Philipp und Jakob prägt das historische Zentrum. Die älteste Kirche ist die aus dem 16. Jahrhundert stammende Kirche zum heiligen Nikolaus.
Predazzo wird als der »Geologische Garten der Alpen« bezeichnet. Hier gibt es die weltweit höchste Konzentration an geologischer Vielfalt. Diese kann auf dem Weg des »Doss Capèl« zwischen dem Feudo-Pass und der Alpe di Pampeago und im Geologischen Museum der Dolomiten – mit einer außergewöhnlichen Präsentation von Mineralien und Fossilien – erlebt werden.

SCHLUCHT VON SOTTOSASSA Lohnenswert ist der Spaziergang zur Schlucht von Sottosassa mit den Wasserfällen des Travignolo unter den für Kletterer einladenden Porphyrwänden. Auf dem Weg durch das Valmaggiore gelangt man in den »Bosco che suona«, den »klingenden Wald«, mit den »Klangfichten«, aus denen die Resonanzkörper für Flügel und Geigen hergestellt werden.

6

FÜNF SKIGEBIETE

110 Kilometer Pisten, 120 Skilehrer, 50 supermoderne Liftanlagen und ein Skibus-Service laden Wintersportler von November bis weit in den April in das Val di Fiemme. Der Skipass Fleimstal-Obereggen kann in fünf Skigebieten genutzt werden: Alpe Cermis, Skicenter Latemar, Bellamonte-Alpe Lusia, Passo Rolle und Oclini/Jochgrimm. Snowparks und Übungshänge für Anfänger zur Verfügung (visitfiemme.it, dolomitisuperski.com).

Das beeindruckende Bergmassiv der Rosengartengruppe in den Dolomiten

AUF EINEN BLICK

Info

STADT/REGION: Val di Fiemme
BESTE REISEZEIT: ganzjährig
OPTIMALE REISEDAUER: 3–5 Tage
TOURISTINFO: Tourismusbüro Val di Fiemme, Tel. +39/0462/24 11 11, visitfiemme.it
Tourismusbüro Cavalese, Via Fratelli Bronzetti 60, 38033 Cavalese, Tel. +39/0462/24 11 11, visitfiemme.it
Tourismusbüro Predazzo, Via C. Battisti 4, 38037 Predazzo, Tel. +39/0462/24 11 11, visitfiemme.it

NICHT VERSÄUMEN

PALAZZO »MAGNIFICA COMUNITÀ DI FIEMME«: Museum und Pinakothek. Strada Statale 48, 38033 Cavalese, Tel. +39/0462/34 08 12, palazzomagnifica.eu

CENTRO D'ARTE CONTEMPORANEA: Zentrum für zeitgenössische Kunst Cavalese. Piazzetta Rizzoli 1, Palazzo Rizzoli, 38033 Cavalese, Tel. +39/0462/23 54 16, artecavalese.it

CENTRO STAVA 1985: Gedenkstätte an die Tragödie im Stavatal. Piazza Sgorigrad 2, 38038 Stava di Tesero, Tel. +39/0462/81 40 60, stava1985.it

RESPIRART: Der weltweit höchste Kunstpark. Località Pampeago 9, 38038 Tesero, Tel. +39/0462/81 32 65, respirart.com

MUSEO GEOLOGICO DELLE DOLOMITI: Geologisches Museum der Dolomiten. Piazza SS. Filippo e Giacomo 1, 38037 Predazzo, Tel. +39/0462/50 03 66, muse.it

Dumping-Station und Empfang in der Area Camper Fiemme

◀ Stellplatz Area Sosta Camper ▶ Campeggio Valle Verde

OSSERVATORIO ASTRONOMICO TESERO: Sternwarte in Tesero. Loc. Zanon, Via Cerin, 38038 Tesero, Tel. +39/348/341 64 07
LAVAZÈ PASS: lavaze.com
ALPE CERMIS: alpecermis.it

CAMPEGGIO CALVELLO

ADRESSE: Loc. Calvello 10, Fraz. Calvello, 38033 Carano, Tel. +39/462/34 16 94, campeggiocalvello.it
GPS: 46.29833, 11.42551
Kleiner, komfortabler Campingplatz mit 16 auf Terrassen angeordneten Stellplätzen inmitten von Wiesen und Wäldern.

CAMPEGGIO VALLE VERDE

ADRESSE: Loc. All'Ischia 2, 38037 Predazzo, Tel. +39/0462/50 11 47, campingvalleverde.it
GPS: 46.31072, 11.63175
Kleiner, kinder- und familienfreundlicher, überschaubarer Campingplatz auf 1050 Metern – mit hervorragender Gastronomie. Idealer Ausgangspunkt für Wanderer und Bergsteiger.

FIEMME VILLAGE

ADRESSE: Via Cece 16, Fraz. Bellamonte, 38037 Predazzo, Tel. +39/0462/57 61 80, fiemmevillage.it
GPS: 31067, 11.66049
Gepflegter, gut organisierter Campingplatz mitten im Wald bei Bellamonte. Hier findet jeder den passenden Stellplatz für seine Bedürfnisse.

VAL DI FASSA

Im Herzen der Dolomiten

»Enrosadira« – das Feuer der Dolomiten: Alpenglühen am Sasso delle Dodici

7

Dank seiner einzigartigen Lage zwischen den berühmtesten Gipfeln der Dolomiten zählt das Val di Fassa zu den bekanntesten Tälern der Alpen und zu den wichtigsten touristischen Destinationen des Trentino. Das Fassatal ist zudem das einzige ladinischsprachige Tal im Trentino und wird noch stark von den Traditionen der ladinischen Kultur geprägt.

Kurz vor Moena geht das Val di Fiemme in das Val di Fassa, das Fassatal, über, am Oberlauf des Flusses Avisio eingebettet zwischen den mächtigsten und beeindruckendsten Gipfeln der Dolomiten: dem Rosengarten, dem Langkofel, der Sella-Gruppe und der Marmolada, mit 3343 Metern Höhe der höchste Berg der Dolomiten.
Die sechs Gemeinden des Tals gehören zur Talgemeinschaft Comun General de Fascia: Campitello di Fassa (ladinisch Ciampedèl), Canazei (Cianacèi), Mazzin (Mazin), Moena (Moena), San Giovanni di Fassa (Sèn Jan) und Soraga di Fassa (Soraga). Zwei Drittel der Bevölkerung sprechen heute noch Ladinisch, die alte rätoromanische Sprache der Alpen – so wie im angrenzenden Südtiroler Gader- und Grödental.

MOENA

Das auf 1200 Meter Meereshöhe liegende Moena ist der größte Ort des Fassatals und dort eines der beliebtesten Touristenzentren. Der Ort am Beginn des Fassatals umfasst die kleinen traditionsbewussten Weiler Forno, Medil, Peniola, Sorte und Someda. Der Blick schweift hinauf zu den Glockentürmen des 2790 Meter hohen Latemar auf der einen und zum Passo San Pellegrino auf der anderen Seite. Sonnenauf- und Sonnenuntergang zaubern hier eindrucksvolle Lichtspiele. Im Winter ist Moena das Herz des Skigebiets Alpe Luisa-San Pellegrino mit einem ausgedehnten Netz von Skiliften und -pisten mit verschiedenen Schwierigkeitsgraden für jeden Geschmack.

VON MOENA ZUR MALGA SECINE Ein sieben Kilometer langer Forstweg führt von Moena auf die Malga Secine unter dem Karerpass zwischen Latemar und Rosengarten. Zur Belohnung lädt neben der einmaligen Sicht auf die umgebende Bergwelt das Almrestaurant Malga Secine auf 1760 Meter Meereshöhe zur Einkehr.

7

SORAGA DI FASSA

Nur wenige Kilometer von Moena entfernt gelangt man taleinwärts zur kleinen Ortschaft Soraga di Fassa, einer der ältesten Siedlungen des Tals. Der in der Nähe gelegene Lago Pezzè, ein künstlich angelegter See aus dem aufgestauten Wasser des Avisio, sorgt mit seinem türkisfarbenen Wasser für eine besondere Stimmung mitten in der bizarren Bergwelt der Dolomiten. Soraga di Fassa gilt als Ort der Künstler. Hier arbeiten und treffen sich Bildhauer, Schnitzer und Maler und präsentieren ihre Kunstwerke in den örtlichen Kunsthandwerksläden, die sich auf alpine Kunst und Möbel spezialisiert haben.

Im Winter ist Soraga ein Paradies für Langläufer, vor allem auf den bestens präparierten Loipen der Marcialonga. Ein Gratis-Shuttlebus bringt die Skiläufer in die nahen Skigebiete. Im Sommer locken Wanderungen auf die umliegenden Almen und die Gipfel von Roda di Vael (2804 m), Cima Dodici (2446 m) und Dirupi di Larséch (2734 m).

Moena ist ein beliebtes Touristenzentrum und der größte Ort des Fassatals.

◀ Das Ladinische Museum des Fassatals ▶ Sellaronda Bike-Day

RADWEG VAL DI FIEMME – VAL DI FASSA Der lange Radweg durch das Fleims- und das Fassatal startet in Molina di Fiemme und verläuft entlang des Avisio bis nach Canazei am Ende des Fassatals. Er ist asphaltiert und für alle Fahrradtypen geeignet. Auf der rund 48 Kilometer langen Strecke werden etwa 650 Höhenmeter überwunden (Wegweiser: Pista ciclabile Val di Fiemme e Fassa Nr. 5).

SAN GIOVANNI DI FASSA

Die Gemeinde San Giovanni di Fassa, Sèn Jan auf Ladinisch, ist im Jahr 2018 aus dem Zusammenschluss der Gemeinden Pozza di Fassa (Poza) und Vigo di Fassa (Vich) mit ihren zahlreichen Fraktionen hervorgegangen. Vigo di Fassa liegt auf 1380 Meter am Fuße von Rosengarten-Gruppe und Elferkofel in einer zentralen Lage im Tal. Der Ort ist Sitz des ladinischen Kulturinstitutes, welches sich um die Förderung der rätoromanischen Sprache und Kultur bemüht. In Vigo di Fassa befinden sich auch das Mineralienmuseum Monzoni, das eine der größten Mineraliensammlungen der Dolomiten beherbergt, und das Museum Ladin de Fascia.

MUSEO LADIN DE FASCIA Hier sind die ethnografischen Sammlungen des Ladinischen Kulturinstituts ausgestellt. Das Museum lädt zum Entdecken der ladinischen Kultur des Fassatals und informiert über die Geschichte des Ortes von der Urzeit bis heute in einem multimedialen Rundgang in verschiedenen Sprachen.

Folkloristische Wandmalereien im Zentrum von Pozza di Fassa

Eine moderne Seilbahn verbindet das Dorfzentrum von Vigo di Fassa mit der Hochebene von Ciampedei auf 2000 Höhenmetern. Von hier aus starten zahlreiche Routen in die umliegende Bergwelt – von einfachen, ruhigen Wanderwegen bis hin zu adrenalingeladenen Trekkingstrecken und Klettertouren.

Pozza di Fassa wird von den Gipfeln Cima Undici (2507 m), Cima Dodici (2446 m) und den majestätischen Torri del Vajolet (2812 m) überragt. Pozza lädt vor allem zu Wellness und Entspannung. Die Schwefelquelle Aloch ist einzigartig im Trentino. Das Thermalwasser wird in vielen örtlichen Wellnesszentren zur Hautpflege verwendet, vor allem in den Thermalbädern Dolomia, QC Terme Dolomiti und Aquapark Vidor.

In der kalten Jahreszeit sind die Skipiste Aloch und Buffaure ein beliebter Treffpunkt für Wintersportler. Hier finden jedes Jahr auch internationale Rennen statt. Die Skipiste ist übrigens auch nachts beleuchtet und bietet so ganz besondere Skifahrerlebnisse. Und für alle Fans des Langlaufsports gibt es mit der teilweise ebenfalls nachts beleuchteten Loipe Ciancoal das perfekte Pendant.

Tipp

Der **Adventure Park Piciocaa** bei Pera di Fassa lädt zwischen den Baumwipfeln mit verschiedenen Parcours mit Plattformen, Sprüngen und Ziplines ein. Die Schwierigkeitsstufen reichen vom Babyparcours bis zur Super Zipline mit einer Länge von 200 Metern über den Fluss, einem freien Fall von 13 Metern, einer Kletterwand und einem Klettersteig.

7

MAZZIN UND CAMPITELLO DI FASSA

Mazzin ist die kleinste Gemeinde des Fassatals. Aus dem Dorf der »Pitores« zogen einst Wanderhandwerker als Dekorateure und Maler aus und verbrachten einige Monate des Jahres damit, Häuser zu verzieren und zu bemalen. Auf dem Doss dei Pigui wurden in den 1960er-Jahren Überreste einer befestigten Räter-Siedlung aus dem 5. Jahrhundert v. Chr. entdeckt. Die Gegenstände und Bronzeschmuckstücke sind im Museum Ladin de Fascia ausgestellt. Mazzin ist zudem das einzige Dorf im Tal mit einer Burg: der Casa Battel mit Spitzturm und wertvollen Dekoelementen und Fresken. In der Nähe von Mazzin befindet sich der bezaubernde und von ladinischen Sagen umwobene Antermoiasee. Campitello di Fassa liegt auf 1450 Meter Meereshöhe an der Mündung des Val Duron und zählt zu den ersten alpin-touristischen Zentren des Tals.

AGRITUR EL MAS Bauernhof mit eigenen Produkten und bodenständiger Küche. Strada de Saslonch 175, Località Col de Soldai, 38035 Moena, Tel. +39/0462/57 42 21

AGRITUR/OSTERIA CIASA DÒ PARÈ Null-Kilometer-Produkte vom Bauernhof. Strada de dò Parè 19, 38030 Soraga, Tel. +39/346/817 72 28, ciasadopare.com

OSTERIA LA MONTANARA Kleine Karte mit regionalen Spezialitäten und feinen Weinen. Strèda Dolomites 185, 38032 Canazei, Tel. +39/0462/60 26 10

◀ Spezialitäten aus dem Fassatal ▶ Gersten-Risotto mit Wildkräutern

7

CANAZEI – CIANACEI

Canazei liegt auf 1465 Metern zwischen den imposanten Gipfeln der Marmolada (3342 m), der Königin der Dolomiten, der Sella-Gruppe (3152 m) und dem Gran Vernèl (3058 m). Die 2000 Einwohner zählende Gemeinde ist eines der wichtigsten Touristenziele des Fassatals und Hauptzentrum des Skisports: Das große Skikarussell mit den vier Gebieten Belvedere, Ciampac, Col Rodella und Marmolada samt modernen Aufstiegsanlagen mit bestens präparierten Skipisten ist leicht und schnell vom Dorf aus erreichbar.

ÜBER DEN BINDELWEG ZUM FEDAIA SEE Die Wanderung zu Füßen der mächtigen Marmolada bietet spektakuläre Ausblicke auf die Dolomiten. Gestartet wird in Canazei mit der Belvedere-Kabinenbahn zum Pecol. Von dort aus geht es zum Col dei Rossi, wo der Bindelweg zur Viel del Pan-Hütte führt. Dann geht es über einen Wanderpfad weiter in Richtung Fedaia-Pass und Fedaiasee auf 2057 Meter Höhe.

◀ Geheimnisvolle Märchenwelt in Canazei ▶ Die Kirche San Floriano in Canazei

Blick auf die Marmolada vom Col di Lana, Schicksalsberg des Ersten Weltkriegs

MARMOLADA – DIE KÖNIGIN DER DOLOMITEN

Die 3343 Meter hohe Marmolada – um genau zu sein ist es die Punta Penia – ist der höchste Gipfel der Dolomiten und der Gletscher auf seiner Nordseite der größte der Dolomiten, auch wenn er in den letzten Jahren arg geschrumpft ist.
Vom Skiort Malaga Ciapela aus führt eine Seilbahn mit traumhaftem Fernblick über drei Stationen hinauf zum Gipfel. An der Station Punta Serauta auf 2950 Meter liegt das Museo Marmolada Grande Guerra, das höchste Museum Europas. Das Kriegsmuseum dokumentiert die Geschichte der Marmolada und ihre Bedeutung während des Ersten Weltkriegs.
Im Winter wartet ein einzigartiges Skigebiet auf die Sportler. Im Sommer führen Klettersteige wie die Via Ferrata della Marmolada und die Via Tomasson zum Gipfel Punta Penia.

Tipp

Einmalige Naturschauspiele und Gebirgserlebnisse garantieren die **fünf Dolomiten-Pässe** des Fassatals: Der 1745 Meter hohe Karerpass (Passo Costalunga) führt ins Südtiroler Eggental. Das 2239 Meter hohe Pordoijoch ist Ausgangspunkt für spektakuläre Klettertouren und führt nach Cortina d'Ampezzo. Über den 2054 Meter hohen Fedaia-Pass gelangt man mitten hinein ins Marmolada-Massiv. Der 1922 Meter hohe San Pellegrino Pass verbindet das Trentino mit Venetien. Und das 2245 Meter hohe Sellajoch markiert den Übergang vom Val di Fassa in das Südtiroler Grödnertal.

AUF EINEN BLICK

Info

STADT/REGION: Val di Fassa
BESTE REISEZEIT: ganzjährig
OPTIMALE REISEDAUER: 3–5 Tage
TOURISTINFO: Apt Val di Fassa, Strèda Roma 36, 38032 Canazei, Tel. +39/0462/60 95 00, fassa.com
Tourismusbüro Canazei, Piaz G. Marconi 5, 38032 Canazei, Tel. +39/0462/60 96 00, fassa.com
Tourismusbüro Moena, Piaz de Navalge 4, 38035 Moena, Tel. +39/0462/60 97 70, fassa.com

NICHT VERSÄUMEN

MUSEO LADIN DE FASCIA: Das Ladinische Museum des Fassatals. Strada de Sèn Jan 9, 38036 San Giovanni di Fassa - Sèn Jan, Tel. +39/0462/76 01 82, istladin.net
RADWEG VAL DI FIEMME – VAL DI FASSA: 48 Kilometer auf dem Rad durch das Fleims- und das Fassatal. visitfiemme.it
ADVENTURE PARK PICIOCAA: Abenteuerpark für alle Altersklassen. Strada Jumela, 38036 Pera di Fassa, Tel. +39/339/169 06 71
MARMOLADA: Der höchste Gipfel der Dolomiten. visitfiemme.it
DOLOMITENPÄSSE: 5 einmalige Naturerlebnisse. visitfiemme.it

CAMPING MARMOLADA

ADRESSE: Via Pareda, 38032 Canazei, Tel. 39/0462/60 16 60, campingmarmolada.com

Campingplatz Marmolada

GPS: 46.47331, 11.77561
Ein perfekter Rückzugsort für Erholungsuchende und gleichzeitig der ideale Ausgangspunkt für Abenteuer in den Bergen. Alle Stellplätze verfügen über eine Steckdose (sechs Ampere) und haben einen einfachen Zugang zu den sanitären Einrichtungen.

◀ Campeggio Catinaccio Rosengarten ▶ Weg zum Pordoijoch

CAMPEGGIO CATINACCIO ROSENGARTEN

ADRESSE: Loc. Puccia, Via Avisio 15, 38036 Pozza di Fassa, Tel. +39/0462/76 33 05, catinacciorosengarten.com

GPS: 46.42629, 11.68617

Der Campingplatz befindet sich in einer ruhigen und sonnigen Panoramalage auf 1320 Meter Meereshöhe. Zum Zentrum von Pozza di Fassa sind es 200 Meter.

CAMPEGGIO MIRAVALLE

ADRESSE: Via Camping 13, 38031 Campitello di Fassa, Tel. +39/0462/75 05 02, campingmiravalle.it

GPS: 46.47407, 11.74067

Der Campingplatz liegt 50 Meter vom Zentrum von Campitello di Fassa und nur zehn Gehminuten von Canazei entfernt, eingerahmt von den Gipfeln des Langkofel, des Pordoi und der Marmolada.

CAMPING SOAL

ADRESSE: Strada Dolomiti 190, San Giovanni di Fassa, Fraz. Pera di Fassa, 38036 Pozza di Fassa, Tel. +39/0462/76 0 099, campingsoal.com

GPS: 46.44517, 11.69652

Der Campingplatz Soal verfügt über 147 schattige Stellplätze (sieben mal acht Meter) mitten im Grünen – mit Strom und teils auch mit LPG, Wasser- und Abwasseranschluss.

PRIMIERO – PARCO NATURALE PANEVEGGIO

Ferien unter Gipfeln

Beeindruckende Naturkulisse: die Pale di San Martino vom Passo Rolle aus

Das Primierotal liegt etwas versteckt ganz hinten in der Bergwelt der Trentiner Dolomiten. In diese naturbelassene Ecke zieht es vor allem Alpinisten, Wanderer, Natur- und Bergliebhaber, die Ruhe und Natur pur suchen und dabei voll auf ihre Kosten kommen. Eine der Hauptattraktionen bildet der Naturpark Paneveggio-Pale di San Martino.

Vom Val di Fiemme kommend, biegen wir bei Predazzo rechts ab in das Valle Travignolo. Nach knapp fünf Kilometern beginnt bereits der Naturpark Paneveggio. Dann geht es hinauf zum 1970 Meter hohen Passo Rolle und ins Primierotal. Zentrum des Tals ist die 5400 Einwohner zählende Gemeinde Primiero San Martino di Castrozza, Teil der Talgemeinschaft Comunità di Primiero. Mit knapp über 200 Quadratkilometern ist die Streugemeinde am Oberlauf des Cismon und an der Grenze zur Provinz Belluno in Venetien die größte Gemeinde im Trentino. Sie entstand 2016 aus dem Zusammenschluss der bis dahin eigenständigen Gemeinden Fiera di Primiero, Siror, Tonadico und Transacqua mit Sitz in Fiera di Primiero.

DER NATURPARK PANEVEGGIO-PALE DI SAN MARTINO

Der Naturpark Paneveggio liegt zwischen dem Fleims-, dem Fassa- und dem Primierotal, welches den Bereich Paneveggio von den Pale di San Martino trennt. Schon im Mesolithikum, in der Übergangsphase von der Alt- zur Jungsteinzeit, ließen sich Jäger an den kleinen Seen in Colbricon und zwischen dem Vulkangestein der Lagorai nieder. Das **Ecomuseo del Vanoi** gibt spannende Einblicke in die Geschichte und Entwicklung der Gegend.
Der 19.100 Hektar große Naturpark wurde 1967 gegründet. Im Osten und Norden liegen die 2700 Hektar der berühmten und weitläufigen Fichtenwälder von Paneveggio, im Südosten breitet sich ein Teil des Dolomitenmassivs der Pale di San Martino und im Westen ein Teil der Porphyrfelsen des Lagorai aus. Die tiefsten Lagen des Schutzgebietes beginnen auf einer Höhe von 1100 Meter und reichen hinauf bis auf beeindruckende 3200 Meter. Jahrhundertelang wurde die Serenissima Repubblica di Venezia mit dem kostbaren Holz dieser Wälder beliefert. Aus dem einzigartigen Klang des auf 1500 bis 2000 Meter wachsenden Fichtenholzes wurden u. a. die berühmtesten Geigen der Welt, darunter so manche Stradivari, gefertigt. Der Wald wird deshalb auch Geigenwald, **»Foresta dei violini«**, genannt.

8

Der Naturpark Paneveggio-Pale di San Martino fasziniert durch seine große landschaftliche Vielfalt: mit Fichten- und Laubwäldern, mit mächtigen Felswänden, Berggipfeln und grünen Almen, mit stillen Bergseen, reißenden Bächen und Lebensräumen für unzählige Tierarten.
In der Villa Welsperg in Castelpietra befindet sich der Sitz des Naturparks und eines der Besucherzentren – mit großer Mineralien-, Holz- und Baumsammlung und einem Herbarium für Sträucher.

SAN MARTINO DI CASTROZZA

Auf 1487 Meter Höhe zu Füßen der Pale di San Martino liegt eines der traditionsreichsten Feriendörfer der Dolomiten. Bekannt geworden ist San Martino di Castrozza im 19. Jahrhundert durch die ersten Pioniere des Alpinismus. Aber schon im Mittelalter übernachteten die Reisenden auf dem Weg über den Passo Rolle ins Fleimstal im Hospiz der Santi Martino e Giuliano.
Das Skigebiet San Martino di Castrozza lädt mit 60 Kilometern bestens präparierter Skipisten zwischen 1400 und 2357 Meter Höhe Wintersportler in die einzigartige Landschaft. Die Abfahrt auf der schwarzen Piste Paradiso am Passo Rolle sorgt für besonderen Nervenkitzel. Zum Nachtskilauf lädt die beleuchtete Pista Col Verde, die direkt ins Zentrum von

San Martino di Castrozza, eines der traditionsreichsten Feriendörfer der Dolomiten

◀ Wandern im Naturpark Paneveggio … ▶ … und zum Rifugio Rosetta

San Martino di Castrozza führt. Snowboarder und Freestyler können sich in zwei Snowparks austoben.

Wer nicht auf Ski oder Snowboard steht, unternimmt **Schneeschuhtouren** oder **Winterwanderungen** in den tief verschneiten Wäldern, auf dem Altopiano delle Pale, im Val Venegia oder im Val Canali oder genießt bei einer Pferdeschlittenfahrt die Winterlandschaft. Liebhaber der nordischen Sportarten treffen am Passo Rolle im **Langlaufzentrum** Prà delle Nasse auf insgesamt 30 Kilometer gut gepflegter Loipen.

Tipp

Das Leitmotiv des Skisports in San Martino di Castrozza ist »Skifahren mit Geschmack« – und gleichzeitig die einzigartige Landschaft genießen. Das Skikarussell **Carosello delle Malghe** leitet Genussskifahrer über 45 Kilometer von einer Alm und von einem kulinarischen Stützpunkt zum nächsten und macht die Wintersportler mit den regionalen Spezialitäten vertraut.

Abends, wenn die Sonne untergeht, überrascht die Gäste ein einzigartiges Naturphänomen: das **»Enrosadira«**, wie es die Ladiner nennen. Über die bleichen Dolomitengipfel breitet sich ein intensives Glühen in den verschiedensten Rottönen aus, das Alpenglühen. Für Abwechslung und gute Laune sorgen anschließend ein ausgelassenes Après-Ski, zahlreiche Abendveranstaltungen und gemütliche Hüttenabende mit regionalen Spezialitäten.

Dreimal San Martino di Castrozza: ◀ Alter Kalkbrennofen im Zentrum ▲ Pfarrkirche der Heiligen Martino und Giuliano ▼ Hotel Palazzo Sass Maor

VOM ROLLE-PASS ZUR CAVALLAZZA-SPITZE Die Rundtour startet und endet bei der Malga-Rolle kurz vor der Passhöhe am Rolle-Pass. Der Waldweg Nr. 348 führt zu den sagenumwobenen Colbriconseen. Weiter geht es in Richtung der 2293 Meter hohen Cima Cavallazza, wo ein überwältigender Rundblick wartet. Über die Forcella Cavallazza und entlang des Hangs des Tognazza-Berges geht es wieder zurück zum Passo Rolle. Für die acht Kilometer lange Rundwanderung mit einem Höhenunterschied von 450 Metern sollten drei bis vier Stunden eingeplant werden.

RISTORANTE CANT DEL GAL Wurst- und Käsespezialitäten aus der Gegend und lokale Küchentradition. Località Sabbionade 1, Primiero San Martino di Castrozza, Tel. +39/0439/629 97
OSTERIA MASO SANTA ROMINA Ehrliche, authentische und schmackhafte Bergküche. Località Santa Romina 80, Canal San Bovo, Tel. +39/0439/71 94 59

SIROR

Siror, das nördlichste Dorf im Primierotal, liegt auf 765 Meter Höhe an den Hängen des Sass Maor. Die Pfarrkirche San Andrea stammt aus dem 14. Jahrhundert und wurde um 1700 neu aufgebaut. Am Dorfplatz steht das alte Rathaus mit schönen Stuckarbeiten aus dem 17. und 18. Jahrhundert. Bekannt ist das Dorf auch durch seinen zauberhaften Weihnachtsmarkt.

FIERA DI PRIMIERO

Fiera di Primiero liegt auf 745 Meter Meereshöhe, weit unten im breiteren Talkessel des Primierotals. Die 530 Einwohner zählende Ortschaft ist der Verwaltungs- und Handelssitz des gesamten Tals.
Das Dorf erlebte bereits im 15. Jahrhundert mit seinen Kupfer-, Silber- und Eisenerzvorkommen einen Aufschwung. Dem verdankt der Ort auch seinen Namen »Fiera«, zu deutsch »Messe« oder »Jahrmarkt«.
Die angenehme Lage macht Fiera di Primiero zu einem beliebten Ort für einen Sommerurlaub mit frischer Luft und viel Natur. Durch seine Nähe zu den Skigebieten von San Martino di Castrozza kommen aber auch Winterurlauber voll auf ihre Kosten.

Blick vom Torrente Cismon bei Madonna del Sass auf die Pale die San Martino

8

Eine Besonderheit: Fiera di Primiero ist der Geburtsort von Luigi Alois Negrelli (1799–1858). Der Ingenieur und Verkehrsbauer ist Planer des Suezkanals und von wichtigen Eisenbahnstrecken in ganz Europa. Im Dorf kann heute noch sein Geburtshaus besichtigt werden. Das Negrelli Museum im Palazzo Delle Miniere ist das wichtigste Museum in Primiero.

AUF DEM PRIMIERO-RADWEG Der familienfreundliche Fahrradweg folgt dem Lauf des Cismon-Baches und verbindet die Orte Imer, Mezzano, Transacqua, Fiera di Primiero, Tonadico und Siror. Der elf Kilometer lange, durchgehend asphaltierte Weg beginnt bei der Ortschaft Masi di Imer und kann auch als Ausgangspunkt für MTB-Touren in die nahe Umgebung genutzt werden.

Rathaus und Fresken in Tonadico, eine der ältesten Ortschaften der Val di Primiero

Auch die Kirche von San Vittore in Tonadico ist für ihre Fresken bekannt.

TONADICO UND TRANSAQUA

Tonadico liegt am Fuße der Ruine Castel Pietra in einem natürlichen Amphitheater und ist eine der ältesten Ortschaften des Val di Primiero. Das 1500 Einwohner zählende Dorf auf 765 Meter Meereshöhe wartet mit vielen Zeugen der Vergangenheit und mit alten Bauernhäusern samt Wandfresken und Heiligenbildern auf. Die Villa Welsperg wurde 1853 von den Grafen von Welsperg erbaut und beherbergt heute Sitz und Besucherzentrum des Naturparks Paneveggio-Pale di San Martino.

Transacqua, der »Ort jenseits des Wassers«, liegt auf 746 Meter Höhe am Hang über dem Cismontal. Mit seinen rund 2100 Einwohnern bildet das Dorf ein beliebtes Zentrum im Tal. Einst Mittelpunkt des Bergbaus, punktet Transacqua heute als Tourismusort mit einem schönen Ortskern und dem Titel »Comune fiorito« – »Blumendorf«. Sehenswert ist der Renaissance-Palast Someda aus dem 16. Jahrhundert, ein Treffpunkt für lokale und internationale Künstler.

MEZZANO

Das »Dorf aus Stein und Holz« zählt zur Vereinigung »Borghi più belli d'Italia«, den schönsten Dörfern Italiens. Mezzano ist alljährlich Ziel von Künstlern aus aller Welt. Beim Festival »Cataste e Canzèi« gestalten diese Kunstwerke aus heimischem Brennholz. Sie können in der im ganzen Dorf verteilten Dauerausstellung »Cataste & Canzèi« bewundert werden. Im

◀ Die 1670 erbaute, dem heiligen Georg geweihte Pfarrkirche von Mezzano von außen … ▲ … und von innen ▼ Mezzano wartet mit eindrucksvollen Winkeln auf.

Sommer beleben Sänger und Musiker die malerischen Gassen im Dorf bei der Konzertreihe »Mezzano Romantica«.

In Mezzano muss man den berühmten Tosèla di Primiero, den für die Gegend typischen Frischkäse probieren. Er wird traditionell in fingerdicke Scheiben geschnitten, in Butter angebräunt und mit Polenta und Lucanica Trentina (einer Art Bratwurst) serviert.

Tipp

In Mezzano hat man sich für die Gäste etwas ganz Besonderes einfallen lassen: Im Dorf verteilt stehen rote Stühle, an denen eine Glocke befestigt ist. Setzt sich ein Tourist auf einen Stuhl und läutet die Glocke, kommt ein Einheimischer, erzählt Anekdoten über das Dorf und bietet Informationen und Hilfe an.

AUF EINEN BLICK

Info

STADT/REGION: Val di Primiero
BESTE REISEZEIT: ganzjährig
OPTIMALE REISEDAUER: 3–5 Tage
TOURISTINFO: Azienda per il Turismo San Martino di Castrozza, Passo Rolle, Primiero e Vanoi, Via Passo Rolle 165, 38054 San Martino di Castrozza, Tel. +39/0439/76 88 67– Fiera di Primiero, Tel. +39/0439/624 07 – Canal San Bovo, Tel. +39/0439/71 90 41, sanmartino.com

NICHT VERSÄUMEN

NATURPARK PANEVEGGIO-PALE DI SAN MARTINO, BESUCHERZENTREN: Naturparkhaus Villa Welsberg, Castelpietra 2, 38054 Primiero San Martino di Castrozza, Tel. +39/0439/76 59 73, parcopan.org
Naturparkhaus Paneveggio, Loc. Paneveggio – Staatsstraße Passo Rolle, 38037 Predazzo, Tel. +39/0462/57 62 83, parcopan.org
Naturparkhaus San Martino di Castrozza, Via Laghetto, 38054 San Martino di Castrozza, Tel. +39/0439/06 80 43, parcopan.org
ECOMUSEO DEL VANOI: Piazza Vittorio Emanuele III 9, 38050 Canal San Bovo, Tel. +39/0439/719106, ecomuseo.vanoi.it
MUSEO NEGRELLI: Palazzo delle Miniere, Piazzetta del Dazio 2, 38054 Fiera di Primiero, Tel. +39/0439/62515, piccolimuseiaprimiero.it

CAMPEGGIO CASTELPIETRA

ADRESSE: Loc. Castelpietra 1, 38054 San Martino di Castrozza, Tel. +39/0439/624 26, castelpietra.it
GPS: 46.19699, 11.86535
Am Fuß der Pale di San Martino mit Stellplätzen mit Ausblick und durchschnittlich 65 Quadratmetern.

CAMPEGGIO CALAVISE

ADRESSE: Loc. Pezze di Imèr 36, 38050 Immer, Tel. +39/0439/674 68, campingcalvise.it
GPS: 46.14377, 11.79786
Bis zu 127 Stellplätze, alle mit Stromanschluss ausgestattet.

TRENTO / TRIENT

Charme und Bodenständigkeit

Trento/Trient – ein Schmelztiegel italienischer, deutscher und österreichischer Kultur

9

In der geschichts- und kunstträchtigen Stadt Trento/Trient treffen italienische und mitteleuropäische Kultur aufeinander. Die Konzilsstadt (1545–1563) präsentiert sich mit einem einmaligen kunsthistorischen Erbe, das die beiden Kulturen im Laufe der Jahrhunderte geprägt hat.

Trento oder Trient? Die beiden Namen sind symbolisch für die Stadt an einer der wichtigsten Verkehrsrouten durch die Alpen. Seit Jahrhunderten ist sie ein Schmelztiegel italienischer, deutscher und österreichischer Kultur. Die schmucke Renaissance- und Barockarchitektur, die sich in den Palazzi und Kirchen der Stadt widerspiegelt, hat südlichen Charme und erinnert gleichzeitig an die Bodenständigkeit Mitteleuropas.
Bis zur Eroberung durch Napoleon stand Trento/Trient 800 Jahre lang unter der Herrschaft der Kirche. Höhepunkt dieser Epoche war im 16. Jahrhundert das Konzil von Trient, eines der bedeutendsten ökumenischen Kirchenkonzile und die Reaktion des Vatikans auf die Reformen Martin Luthers in Deutschland.

STADTSPAZIERGANG

Entlang der Via San Marco, der Via Manci und der Via Belenzani können die prächtigsten Palazzi der Stadt bewundert werden. Charakteristisch sind die Arkaden der Via Suffragio, die antiken Türme und die Stadtmauern. Auf dem Weg vom Domplatz zum Castello del Buonconsiglio verschmelzen die verschiedenen Baustile – Romanik, Gotik, Renaissance und Barock – zu einer einzigartigen Harmonie. Die gotischen Paläste der politischen und religiösen Herrscher spiegeln die Pracht an den Höfen der Alpenländer wider. Die Renaissance-Häuser gegenüber dem barocken Neptunbrunnen, dem Wahrzeichen der Stadt auf dem Domplatz vor der Kathedrale San Vigilio, sind mit Fresken verziert, die die Fassaden vollständig bedecken. Das Castello del Buonconsiglio ist der bedeutendste Denkmalkomplex des Trentino. Das mächtige Stadtschloss thront auf einem kleinen Hügel und lehnt sich an die Stadtmauern an. Zunächst auf einem Felsen als Römisches Kastell mit Verteidigungsfunktionen errichtet, wurde es im 13. Jahrhundert zur regelrechten Festung ausgebaut. Ab der zweiten Hälfte des 13. Jahrhunderts bis zur Säkularisation des Fürstentums im Jahre 1803 diente es als Residenz der Fürstbischöfe von Trento. Zwischen dem 14. und 15. Jahrhundert wurde die Burg mit Zinnen und Laubengang ausgebaut und mit der »Torre dell'Aquila«, dem Adlerturm, verbunden. Hier entstand auf Anordnung von Fürstbischof Giorgio di Liechtenstein der berühmte **Freskenzyklus »Ciclo dei Mesi«**, der Monatskreis, eines der international bedeutendsten Kunstwerke der Gotik. Auf den vier Wänden des Turms wird das mittelalterliche Leben im Laufe von elf Monaten des Jahres sehr bildhaft und anschaulich dargestellt – nur der März fehlt.

MUSEO PROVINCIALE D'ARTE Das Castello di Buonconsiglio beherbergt das Museo Provinciale d'Arte, das Landeskunstmuseum des Trentino, mit einer wertvollen Sammlung von Gemälden, Bilderhandschriften sowie archäologischen und numismatischen Schätzen.

◀ Castello del Buonconsiglio … ▶ … und Neptunbrunnen auf der Piazza Duomo

Abendstimmung auf der malerischen Via Belenzani in der Trientner Altstadt

AUF DEM DOMPLATZ

Der dem Heiligen Vigilius geweihte **Dom von Trento/Trient** wurde bereits im 13. Jahrhundert in Auftrag gegeben. Zu seiner heutigen Form gelangte er allerdings erst im Laufe der Jahrhunderte. Der Dom war im 16. Jahrhundert Schauplatz des Konzils von Trient. Die **Piazza Duomo** mit dem barocken **Neptunbrunnen** aus dem 18. Jahrhundert ist Mittelpunkt und Wahrzeichen von Trento/Trient.

Tipp

Öffentliche **Stadtführungen** werden jeden Samstag veranstaltet. Treffpunkt ist das Tourismusbüro in der Via Manci 2. Die Stadt bietet auch eine Sammelkarte, die Trento Card, an, mit der man freien Eintritt in alle Museen der Stadt hat und die öffentlichen Verkehrsmittel sowie die Trento-Sardagna-Seilbahn frei nutzen kann.

OSTERIA LE DUE SPADE Historisches Restaurant mit erlesener Küche im Zentrum der Stadt. Via Don Rizzi 11, 38100 Trento, Tel. +39/0461/82 90 02, leduespade.com

RISTORANTE LO SCRIGNO DEL DUOMO Weinbar, Osteria und Gourmetlokal unter einem Dach, direkt am Domplatz. Piazza Duomo 29, 38100 Trento, Tel. +39/0461/22 00 30, scrignodelduomo.com

◀ In der historischen Osteria Le due Spade ▲ Domplatz mit Neptunsbrunnen by night ▼ Die mittelalterlich bemalten Cazuffi-Rella-Palazzi am Domplatz

OSTERIA IL CAPPELLO Gemütliche Osteria im Zentrum der Stadt mit typischen lokalen Gerichten. Piazzetta Lunelli 5, 38100 Trento, Tel. +39/0461/23 58 50, osteriailcappello.it

MUSEO DELLE SCIENZE

Das im Juli 2013 eröffnete MUSE, das neue **Museum der Wissenschaft**, setzt sowohl mit seinem Äußeren als auch mit seiner Innenarchitektur neue Maßstäbe. Außen erinnert die Form an die Bergwelt des Trentino. Innen wird den Besuchern Kultur, Geschichte und Wissenschaft auf höchstem Niveau zugänglich gemacht.

Das MUSE (MUseo delle ScienzE) ist alles andere als ein traditionelles Museum. Vielmehr ist es Teil einer urbanistisch-landschaftlichen Vision. Das aufgelassene Industriegelände am Ufer der Etsch im südlichen Stadtteil wird vom italienischen Stararchitekten Renzo Piano durch das Museum und sein umliegendes Areal städtebaulich erschlossen: eine kleine Stadt in der Stadt, mit all ihren Ausprägungen, Hierarchien und ihrer funktionalen Komplexität. Gemeinsam mit einem öffentlichen Park von fünf Hektar umschließt das Museum das gesamte neue **Stadtviertel »Le Albere«** und ist zum städtebaulichen Anziehungspunkt für die Stadt geworden.

Im MUSE können die Besucher den verschiedensten Bereichen der Wissenschaft hautnah begegnen. Eine sich in die Vertikale erstreckende Ausstellung alpiner Ökosysteme führt durch Veränderungen der Natur - von den Gletschern bis zur Talsohle -, in der Horizontalen geht es durch die großen Themen unseres Planeten, was zum Reflektieren anregt. Der Besuch wird so zu einem vielfältigen Erlebnis, das auf interaktive Elemente und sensorische Erfahrungen baut. Wissen wird durch Experimente und Spiele vermittelt. Dass auch Kinder staunen, dafür sorgt der »Maxi-Ooh«-Raum mit lustigen Experimenten.

CASA DEL CAFFÈ Einladender Kaffeeladen mit großer Auswahl und netter kleiner Bar. Via San Pietro 12, 38100 Trento, Tel. +39/0461/98 51 04, casadelcaffetn.it

BOTTEGA DEGLI ANTICHI SAPORI TRENTINI Spezialitätengeschäft mit großer Auswahl an heimischen Käsesorten. Via Rodolfo Belenzani 56, 38100 Trento, Tel. +39/0461/26 05 35

Im 2013 eröffneten MUSE, dem neuen Museum der Wissenschaft in Trient

▲ Delikatessen- und Feinkostladen I Sapori Trentini ▼ Grappa-Brennereien haben im Trentino eine lange Tradition. ▶ Im Ristorante Scrigno del Duomo

VIELFÄLTIGE MUSEENLANDSCHAFT

Auch wenn das neue MUSE Museum der Wissenschaft sicherlich das Highlight ist – Trento/Trient kann noch mit einer ganzen Reihe weiterer interessanter und einladender Museen aufwarten, sodass selbst ein längerer Aufenthalt nie langweilig wird. Im Tridentiner Diözesanmuseum, dem **Museo Diocesano Tridentino** an der Piazza Duomo, befinden sich die Kunstschätze der Diözese, der Schatz der Kathedrale und die Zeugnisse des Konzils von Trient. Die **Stadtgalerie** in unmittelbarer Nähe zum Dom ist gleichzeitig Ausstellungsraum sowie Kreativitäts- und Informationszentrum zur Zeitgenössischen Kunst. Das Museum des Trentiner Alpenvereins, das **Museo della Sat**, ist der Welt der Berge gewidmet und gibt Aufschluss über den lokalen Alpinismus und seine Bergsteigertradition. Und das Luftfahrtmuseum Gianni Caproni, das **Museo dell'Aeronautica** am Flugplatz von Mattarello, stellt eine weltbedeutende Sammlung von Flugzeugen und wertvollen Erinnerungsstücken zur Schau.

AUF EINEN BLICK

Info

STADT/REGION: 38122 Trento/Trient
BESTE REISEZEIT: ganzjährig
OPTIMALE REISEDAUER: 2 Tage
TOURISTINFO: Ufficio Turistico, Piazza Dante, 38100 Trento, Tel. +39/0461/21 60 00, discovertrento.it

NICHT VERSÄUMEN

CASTELLO DEL BUONCONSIGLIO: Via Bernardo Clesio 5, 38100 Trento, Tel. +39/0461/23 37 70, buonconsiglio.it
MUSE – MUSEO DELLE SCIENZE: Viale del Lavoro e della Scienza 3, 38100 Trento, Tel. +39/0461/27 03 11, muse.it
DOM UND MUSEO DIOCESANO TRIDENTINO: Museo Diocesano Tridentino, Piazza Duomo 18, 38100 Trento, Tel. +39/0461/23 44 19
STADTGALERIE DER ZEITGENÖSSISCHEN KUNST: Via Belenzani 44, 38122 Trento, Tel. +39/0461/198 55 11, mart.tn.it
MUSEO DELLA SAT: Via Manci 57, 38100 Trento, Tel. +39/0461/98 18 71
MUSEO DELL'AERONAUTICA GIANNI CAPRONI: Via Lidorno 3, 38100 Trento, Tel. +39/0461/94 48 88

AREA SOSTER CAMPER TRENTO

ADRESSE: Via Fersina 72, 38100 Trento, Tel. +39/335/787 77 47
GPS: 46.04883, 11.12075
Idealer Stellplatz für Trento-Besucher, eingezäunt und sicher. Nur 20 Minuten zu Fuß bis ins Stadtzentrum. Kein Bargeld, nur Karten.

WEITERE STELLPLÄTZE

GPS: 46,07544, 11.11020.
Auf dem Piazzale Ex Zuffo bei der Autobahnausfahrt Trento Centro stehen 19 gebührenpflichtige Stellplätze mit Camperservice zur Verfügung.
GPS: 46.06595, 11.11.501
Auf dem Piazzale San Severino gibt es fünf Camper-Stellplätze für maximal 48 Stunden Aufenthalt.
KONTAKT: APT Trento, Monte Bondone, Via Manci 2, 38122 Trento, Tel. +39/0461/21 60 00

VALSUGANA & BERSNTOL

Eine Entdeckungsreise

Der Lago di Caldonazzo bei Pergina Valsugana mit dem Weiler Ischia

Das Valsugana östlich von Trient zählt zu den kaum bekannten Reisezielen im Trentino, war in der Geschichte aber schon immer ein wichtiges Durchgangstal vom Trentino in die Nachbarprovinz Vicenza im Süden. Es unterteilt sich in die beiden Talgemeinschaften Comunità Alta Valsugana e Bersntol im Obertal und Comunità Valsugana e Tesino im unteren Talbereich.

Pergine, der Hauptort des Alta Valsugana, liegt zehn Kilometer östlich von Trient in einer weiten, sonnigen Ebene. Die Gegend war schon in prähistorischer Zeit besiedelt. Hier führte auch die Römerstraße der östlichen Via Claudia Augusta vorbei. 845 wurde der Name Pergine erstmals erwähnt. Eine Blütezeit erlebte die Stadt im 16. Jahrhundert durch den Bergbau im angrenzenden Fersental.

CASTEL PERGINE

Die Chiesa Santa Maria ist die Hauptkirche der schmucken Stadt. Das erste Dokument, das die Existenz der Kirche bezeugt, stammt aus dem Jahr 1183. Auf dem Tegazzo-Hügel oberhalb von Pergine thront zudem die mächtige Burganlage von Pergine, Castel Pergine. Die einstige römische Siedlung am Tor zum Valsugana wurde im 13. Jahrhundert zur mittelalterlichen Burg ausgebaut. 1531 übernahmen die Fürstbischöfe von Trient die Schlossherrschaft. 2018 wurde das Castel von der gemeinnützigen Stiftung Fondazione Castel Pergine Onlus erworben. Historisch wertvoll sind die Camera del Camino, die Sala del Trono, die sogenannte Prigione della Goccia sowie die Kapelle zum heiligen Andreas.

VON PERGINE NACH LEVICO Start ist am Rathausplatz von Pergine Valsugana in Richtung des Schlosses. Der Wanderweg zweigt dann ab in Richtung Masetti und führt nach Pozza und Ischia am nördlichen Ufer des Caldonazzosees. Von dort aus geht es gen Osten weiter nach Visintainer und dann auf einem schönen Waldweg am Bach durch das Biotop von Pize. Am Seeufer entlang gelangt man nach Levico, wo der Weg beim Biotop Canneto di Levico endet. Für die leichte, elf Kilometer lange Seentour sollten vier Stunden eingeplant werden.

10

BERSNTOL – DAS FERSENTAL

Das Bersntol oder Fersental ist ein nördliches Seitental des oberen Valsugana. Es wird geprägt durch eine eigene Sprache, Geschichte und Kultur. Die Besiedelung durch germanische Völkergruppen im 13. Jahrhundert brachte eine besondere Entwicklung sprachlicher, kultureller und landschaftlicher Aspekte mit sich. Zunächst wurden **Bergwerkssiedlungen** zum Abbau von Kupfer, Silber und Gold angelegt, später siedelten sich hier Bauern an und gründeten germanische Streusiedlungen.

Heute gehören vier Dörfer zur **Fersentaler Gemeinschaft**: Eichleit (Roveda) und Gereut (Frassilongo) bilden eine Gemeinde. Die Gemeinde Florutz (Fierozzo) besteht aus den Weilern St. Franz und St. Felix. Den Talschluss bildet Palai (Palù del Fersina) im oberen Teil auf dem rechten Ufer des Wildbachs Fèrsina. Das Fersentalerische ist noch in Palai, Florutz und Eichleit im Alltag verbreitet, in Gereut wird es nur mehr von einer Minderheit gesprochen.

1987 wurde das **Kulturinstitut Bersntol-Lusérn** gegründet. Ziel des Instituts sind der Schutz und die Aufwertung des ethnografischen und kulturellen Erbes, insbesondere mit Blick auf die Sprache, eine alte alemannisch-bayrische Mundart.

◀ Beschauliches Bersntol/Fersental ▶ Altstadtviertel in Pergine Valsugana

Das kleine Dorf Ischia bietet einen schönen Blick auf die angrenzende Bergregion.

BERGBAUMUSEEN Knappe fünf Kilometer von Palai/Palù befindet sich im Herzen des Berges in der Nähe des Wanderwegs zum Hardimbl-See das Bergbaumuseum »Gruab va Hardimbl«. Das Bergwerk war zwischen 1400 und 1650 in Betrieb und steht heute für Besucher offen. Im Weiler Poar befindet sich zudem das kleine Museum »S'pèrgmandlhaus«, in dem die Arbeit und das Leben der Bergleute des Fersentals zu sehen sind.

CALDONAZZO UND SEIN SEE

Nur wenige Kilometer südlich von Pergine Valsugana liegt der malerische Caldonazzosee, mit knapp fünf (Länge) mal 1,8 Kilometern (Breite) der größte See im Trentino und ein Eldorado für Segler, Ruderer, Kanufahrer und Windsurfer. Die warmen Wassertemperaturen sowie ausgewiesene Badeanstalten und freie Strände ziehen zahlreiche Gäste an.

Caldonazzo selbst entstand mit einer Siedlung von Bauern und Hirten im frühen 11. Jahrhundert. 1461 ließ sich die Adelsfamilie Trapp in Caldonazzo nieder. Über 500 Jahre war das Dorf mit dem Namen eng verbunden. Das Castel Trapp (auch Castello di Caldonazzo) zwischen Pfarrkirche und Friedhof zeugt noch vom Wirken der Familie. Die Chiesa di San Sisto stammt aus dem 14. Jahrhundert und hat 1772 ihre heutige Gestalt erhalten. Calceranica al Lago liegt direkt am Caldonazzosee und blickt auf eine lange Geschichte zurück. Die einstige Befestigungsanlage nahm schon zu Römerzeiten die Gestalt einer Siedlung an. Große Veränderungen im Dorf folgten ab dem 19. Jahrhundert durch die Trockenlegung der Sümpfe, neue Straßen, die Entwicklung der Landwirtschaft sowie den Aufbau der Seidenraupenzucht und den Ausbau der Textilindustrie. Der Tourismus, der heute die Wirtschaftsstruktur der Gegend prägt, hat erst in der zweiten

Das 1860 gegründete Thermalzentrum Levico Terme mit seinen Kurparks

Hälfte des 20. Jahrhunderts Fuß gefasst. Sehenswert ist die um 1000 auf einem Felsen erbaute Kirche San Ermete, die älteste Kirche des Valsugana.

OSTERIA STORICA MORELLI Bodenständige Hausmannskost bester Qualität. Piazza Petrini 1, 38057 Pergine Valsugana, Tel. +39/0561/50 95 04, osteriastoricamorelli.it

ALBERGO BELVEDERE Die Zeit ist hier stehen geblieben, das Essen aber schmeckt. Via Ronca 2, 38050 Florutz/Fierozzo, Tel. +39/0461/55 11 31

LEVICO UND SEIN SEE

Der kleine, traumhaft gelegene Lago di Levico zählt neben dem Caldonazzosee zu den größten Attraktionen des Alta Valsugana. An den Ufern des bis zu 38 Meter tiefen Sees befinden sich zwei beliebte Strandbäder, ein ausgedehnter Schilfgürtel und ein großer Campingplatz. Die Form des Levicosees ähnelt einem schmalen norwegischen Fjord. Vom Caldonazzosee trennt ihn ein langer, niedriger Hügelrücken, der Colle di Tenna. Ein reizvoller Themenweg, der Sentiero dei Pescatori, verläuft direkt am Ufer unter schattigen Bäumen. Dort liegt auch der großzügig gestaltete Parco Segantini mit Picknicktischen, Liegewiesen und Fitnessgeräten.
Das 1860 gegründete Thermalzentrum Levico Terme ist wegen seiner heilenden Quellen mit arsen- und eisenhaltigem Wasser bekannt. Die historische Bausubstanz von Levico wurde von Kriegsschäden weitgehend verschont, und so zeigt sich die Stadt mit ihren historischen Gebäuden besonders charmant. Geprägt wird Levico Terme auch durch weitläufige Kurparks. Der annähernd 132.000 Quadratmeter große Parco degli

Asburgo, der Park der Habsburger, wurde 1905 eröffnet und beherbergt über 550 Pflanzenarten. 2005 wurde außerdem der Parco della Memoria, der Gedächtnispark, eröffnet.

BORGO VALSUGANA

Ab Levico Terme wird es ruhiger. Der Tourismus hat hier noch kaum Wurzeln geschlagen. In der breiten Ebene bis Borgo Valsugana konzentriert man sich vor allem auf Landwirtschaft und Industrie. Borgo Valsugana liegt 36 Kilometer südöstlich von Trento/Trient und ist das Verwaltungszentrum der Talgemeinschaft Valsugana e Tesino. Die 7000 Einwohner zählende Stadt wird vom imposanten Schloss Telvana aus dem 13. Jahrhundert überragt.

Das Ortsbild von Borgo Valsugana ist vom Mittelalter und Barock geprägt. Die mit Fresken und Balkonen verzierten Häuser und Laubengassen mit kleinen Läden und barocken Portalen liegen zum Teil direkt am Brenta,

Borgo Valsugana ist Verwaltungszentrum der Talgemeinschaft Valsugana/Tesino.

◀ Auf dem Radwanderweg Valsugana, auch »Via del Brenta« genannt ▲ Schloss Telvana aus dem 13. Jahrhundert ▼ Santa Maria della Neve in Carzano

welcher die Stadt durchquert. Nicht nur die venezianische Brücke verleiht dem Zentrum einen Hauch der Atmosphäre der berühmten Serenissima. Die Pfarrkirche Santa Maria lädt mit einem Marmoraltar des Marmorschleifers Cristoforo Benedetti ein, die Chiesa San Rocco mit einem wertvollen Freskenzyklus von Francesco Corradi aus dem 16. Jahrhundert.

VAL DI SELLA Ein netter Ausflug in die Umgebung von Borgo Valsugana führt zwischen Wäldern und Wiesen zum Kunstparcours »Arte Natura«, auf dem verschiedene Kunstwerke betrachtet werden können, welche im Rahmen des Kunstprojektes »Arte Sella« dort entstehen. Die Malga Costa ist Besucherzentrum und Ausstellungsraum.

Tipp

Bei dem auch als »Via del Brenta« bekannten Radwanderweg **Valsugana** handelt es sich um einen der schönsten Europas. Er verläuft ohne große Schwierigkeiten über 80 Kilometer größtenteils am Fluss Brenta entlang bis zur Grenze mit der Provinz Vicenza. Kleine Erkundungstouren links und rechts des Brenta führen zu ruhigen und abgelegenen Fleckchen. Mehrere Bike-Grill- und -Rastplätze fungieren auch als Infopoints: in Levico Terme, Tezze di Grigno, Castelnuovo und Novaledo. Entlang des Radwegs gibt es Fahrradverleihe und Werkstätten.

AUF EINEN BLICK

Info

STADT/REGION: Valsugana
BESTE REISEZEIT: März bis November
OPTIMALE REISEDAUER: 1–2 Tage
TOURISTINFO: Azienda per il Turismo Valsugana, Viale Vittorio Emanuele III 3, 38056 Levico Terme, Tel. +39/0461/72 77 00, visitvalsugana.it
Bersntoler Kulturinstitut – Istituto Mòcheno, 38050 Palai en Bersntol/Palú del Fersina, Tel. + 39/0461/55 00 73, bersntol.it
Azienda per il Turismo Valsugana, Piazza De Gasperi, 38051 Borgo Valsugana, Tel. +39/0461/72 77 40, visitvalsugana.it

NICHT VERSÄUMEN

CASTEL PERGINE: Via al Castello 10, 38057 Pergine Valsugana, Tel. +39/0461/53 11 58, castelpergine.it
BERGBAUMUSEUM »GRUAB VA HARDIMBL«: Palai en Bersntol. Anmeldung unter Tel. +39/0461/55 00 53, umpalai.it
MUSEUM »S'PÈRGMANDLHAUS«: Lenzi 46, 38050 Palai en Bersntol, Tel. +39/346/362 72 21, umpalai.it
TERME DI LEVICO: Viale Vittorio Emanuele 10, 38056 Levico Terme, Tel. +39/0461/70 60 77, levicoterme.it

CAMPEGGIO SAN CRISTOFORO

ADRESSE: Via dei Pescatori 49, Fraz. San Cristoforo al Lago, 38057 Pergine Valsugana, Tel. +39/0461/32 96 42, campingsancristoforo.it
GPS: 46.03871, 11.23658
Geräumige, gut beschattete Stellplätze am Ufer des Caldonazzosees – mit Sandstrand und 2 Schwimmbädern.

LAGO LEVICO CAMPING VILLAGE

ADRESSE: Loc. Pleina 5, 38056 Levico Terme, Tel. +39/0461/70 64 91, campinglevico.com
GPS: 46.00721, 11.28705
Direkt am Ufer des Levicosees – mit Privatstrand und Laguna Beach sowie Stellplätzen und Unterkünften für jeden Geschmack.

ALTOPIANO DEI CIMBRI

Die Heimat der Zimbern

Wanderung auf dem »Hochplateau der Zimbern« bei Folgaria/Folgrait

11

Der Altopiano dei Cimbri ist das Gebiet der ehemals zimbrischen Gemeinden Folgaria, Lavarone und Lusérn, die in der »Magnifica Comunità degli Altipiani Cimbri« vereint sind. In Lusérn wird heute noch Zimbrisch gesprochen, eine mittelalterliche Variante des Südbayrischen mit alemannischen Einflüssen.

Das »Hochplateau der Zimbern« liegt zwischen dem Etschtal im Westen und der Hochebene der Sieben Gemeinden im Osten, die bereits zur Region Venetien gehört. Im Norden bildet der zum Valsugana abfallende Rand der Hochebene von Lavarone die Grenze zum Valsugana. Im Osten verläuft die Grenze der Talgemeinschaft westlich des Passo Vezzena auf der Hochebene von Lusérn. Bis zum Ersten Weltkrieg verlief hier die Grenze zwischen Österreich-Ungarn und Italien. Die heute noch erhaltenen Festungen sind stumme Zeugen und Mahnmale an den blutigen Gebirgskrieg. Der Großteil der Bevölkerung musste damals die Heimat verlassen und konnte erst nach Kriegsende in die zerstörten Dörfer zurückkehren. Die zimbrische Sprache wurde um das Jahr 1000 von bayrischen Siedlern auf die Hochebene von Lusérn gebracht. Diese verließen in mehreren Migrationsschüben ihre Heimat, um nach neu zu besiedelnden Gebieten zu suchen. Das erste Dokument, das mit diesen Emigrationen in Verbindung gebracht werden kann, stammt aus dem Jahr 1055.
Die weiteste Verbreitung der zimbrischen Sprache bestand zu Anfang des 18. Jahrhunderts in einem ausgedehnten Gebiet südöstlich von Trient zwischen den Flüssen Etsch und Brenta. Danach begann ein unaufhaltsamer Rückgang, der heute fast zum Aussterben dieses Idioms geführt hat: »Da biar ren di zimbarzung, | da steata moi Lusérn. | I grüaste moine huamat, | i grüaste liabes moi Lusérn, | haüt moche bidar gian vort, | bartede bidar seng?« (»Hier sprechen wir noch Zimbrisch, | hier liegt mein Lusérn. | Ich grüße dich, meine Heimat, | ich grüße dich, mein geliebtes Lusérn, | heut' muss ich wieder fort von hier, | ob ich dich wohl wiedersehe?«)

FOLGARIA/FOLGRAIT

Das Gemeindegebiet von Folgaria/Folgrait mit seinen 3200 Einwohnern liegt auf 1170 Meter Höhe an den Südhängen des Monte Cornetto und zählt zu den bekanntesten Urlaubsorten des Trentino. Bis Anfang des

20. Jahrhunderts wurde in Folgaria und Lavarone noch Zimbrisch gesprochen. Mittlerweile hat das Italienische die zimbrische Muttersprache vollständig verdrängt. Nur Flurnamen und lokale Bezeichnungen erinnern noch an die zimbrische Geschichte.
Folgaria ist für den Sommer- wie für den Winterurlaub gut gerüstet. Das Skigebiet »Skitour dei Forti« zählt über 100 Kilometer Skipisten und weitere über 100 Kilometer Langlaufloipen. Im Sommer hat sich Folgaria zu einem beliebten Erholungsort vor allem für Familien entwickelt.

MTB-TOUR »100 KM DEI FORTI« Der einzigartige Radweg führt durch abwechslungsreiche Landschaften, über Almen und Pässe entlang des Straßennetzes des Ersten Weltkriegs – vorbei an den alten militärischen Festungen. Er teilt sich in drei Strecken, die getrennt voneinander befahrbar sind: 52,5 Kilometer auf der Hochebene von Folgaria (Eingang zum Passo Sommo), 24 Kilometer auf der Hochebene von Lavarone (Eingang vom Parco Palù) und 26,5 Kilometer bei Lusérn.

Der beliebte Badesee Lago di Lavarone liegt auf 1079 Höhenmetern.

◀ Bunte Volkskunst in Folgaria/Folgrait ▲▼ San Lorenzo di Folgaria aus dem 13. Jahrhundert ist die älteste Kirche der Altipiani Cimbri.

LAVARONE/LAVRÒU

Lavarone/Lavròu liegt auf 1100 Höhenmeter und ist Verwaltungssitz der Talgemeinschaft Magnifica Comunità degli Altipiani Cimbri. Der 1200 Einwohner zählende Ort besteht neben dem Gemeindesitz in Gionghi aus 19 verschiedenen Fraktionen und kleinen Weilern.

Wegen seines milden Klimas und der einmaligen Natur wurden Lavarone und sein See bereits um die Wende vom 19. zum 20. Jahrhundert von der Wiener Aristokratie gern besucht. Zwischen 1904 und 1907 verbrachte Sigmund Freud seinen Urlaub in Lavarone. Die Gemeindebibliothek in Gionghi ist heute nach ihm benannt. 1990 wurde in Gionghi das **Studienzentrum Gradiva** für angewandte Psychoanalyse gegründet, das jährliche Kongresse unter dem Motto »Die Grenzen der Psychoanalyse« organisiert.

Tipp

Der **Lago di Lavarone** liegt auf 1079 Höhenmetern inmitten von Wiesen und Wäldern. Der beliebte Badesee bedeckt eine Fläche von 64.000 Quadratmetern und ist bis zu 17 Meter tief. Zwei Badeanstalten laden die Sportler und Ruhesuchenden ein. Liegestühle und Sonnenschirme werden ebenso verliehen wie Ruder- oder Tretboote. Im Winter verwandelt sich der See in einen großen Eislaufplatz.

◀ Das Rathaus … ▶ … und ein Schmuckstück im Dorfbild von Lavarone/Lavròu

ZUM MONTE RUST UND LAGO DI LAVARONE Die gemütliche, neun Kilometer lange Wanderung beginnt in Carbonare di Folgaria und geht Richtung Monte Rust. Nach einem 1,5 Kilometer langen Anstieg durch einen Buchenwald wandert man auf der früheren Militärstraße den Berg hinauf, wo sich noch die Reste der »Optischen Signalstation Monte Rust« des österreichisch-ungarischen Heeres befinden. In einer knappen halben Stunde geht es vom Monte Rust hinab zum Lavaronesee. Der Rückweg nach Carbonare führt um den Monte Rust und durch das Dorf Chiesa di Lavarone oder durch Pra di Sopra.

Im Winter verwandelt sich Lavarone in ein Paradies für Skifahrer. Das **Skigebiet Alpe Cimbra** ermöglicht mit einem einzigen Skipass die Benutzung aller Aufstiegsanlagen von Lavarone und Folgaria mit über 100 Pistenkilometern. Die Langläufer lädt das **Langlaufzentrum Millegrobbe** ein. Im Sommer steht Lavarone ganz im Zeichen von Sport und Erholung.

FORTE BELVEDERE-GSCHWENT Von den ursprünglich sieben Festungen des Österreichisch-Ungarischen Reiches an der Grenze auf dem Altopiano dei Cimbri ist das Werk Gschwent die am besten erhaltene. Die Festung wurde zwischen 1908 und 1912 auf einem Felsen oberhalb des Asticotals erbaut und kann heute als Museum besichtigt werden.

11

BIENEN- UND HONIGMUSEUM In La Casa können Honigprodukte auch gekauft werden. Località Tobia, 38046 Lavarone, Tel. +39/0464/78 33 15, lacasadelmiele.com, museodelmiele.com
CASEIFICIO DEGLI ALTIPIANI E DEL VEZZENA Genossenschaftskäserei mit großer Auswahl. Via Marconi 5, 38046 Lavarone Cappella, Tel. +39/0464/78 31 06; Via Maffei 243, 38064 Costa-Folgaria, Tel. +39/339/561 38 02, caseificiovezzena.it

LUSERNA/LUSÉRN

Luserna/Lusérn liegt auf 1350 Höhenmetern auf einem südöstlichen Ausläufer der Hochebene, 600 Meter über der Astico-Schlucht in Richtung Passo Vezzena. Das Zentrum des 260 Einwohner zählenden Dorfes befindet sich an der Straße. Daneben gibt es mehrere, teils isolierte kleine Weiler, die sogenannten »Baite«. Die größte Gruppe dieser Weiler ist **Bisele**. Nördlich des Ortsteils Tetsc/Tezze fanden Archäologen **Keramikscherben** und **Reste alter Kupferschmelzöfen** aus der Zeit um 1200 v. Chr. Noch ältere, jungsteinzeitliche Spuren – **Menhire** und einen **Opferstein** – fand man bei Bisele. Lusérn selbst wurde erstmals 1442 erwähnt. 1715 wurde im Ort die erste Kirche geweiht. Eine eigenständige Pfarrei gibt es seit 1745. Seit 1780 ist Lusérn eine eigene Gemeinde.

Das österreichische Befestigungswerk Luserna/Lusérn, »Obar Forte« auf Zimbrisch

11

In den harten Jahren nach dem Ersten Weltkrieg suchten viele Lusérner ihr Glück als Gastarbeiter in der Schweiz, in Deutschland und den Wirtschaftszentren Oberitaliens. So konnten sie sich in den letzten Jahrzehnten einen bescheidenen Wohlstand erarbeiten. Heute spielt in einer der letzten Bastionen der zimbrischen Sprache vor allem der Tourismus eine wichtige Rolle.
In den Jahrzehnten nach dem Zweiten Weltkrieg führte das Zimbrische ein Nischendasein und war vom Aussterben bedroht. Seit einigen Jahren werden die zimbrischen Traditionen aber wieder neu belebt, und so ist Lusérn heute die bekannteste deutsche Sprachinsel der Zimbern in Oberitalien. 90 Prozent der Bevölkerung sprechen noch Zimbrisch. Um diese einzigartige Kultur aufrechtzuerhalten und zu pflegen, wurde das Dokumentationszentrum für die zimbrische Sprache gegründet.
Enge Kontakte bestehen zu den anderen oberdeutschen Sprachinseln im nahe gelegenen Fersental (Provinz Trient), in den Sieben Gemeinden um Asiago (Provinz Vicenza), in den Dreizehn Gemeinden (Provinz Verona) und den weiter östlich in den Karnischen Alpen gelegenen Sprachinseln Sappada, Sauris und Timau (Region Friaul-Julisch Venetien).

Im Jahr 1715 wurde in Luserna/Lusérn die erste Kirche geweiht.

Verträumte Winkel und Gassen im alten Dorfzentrum von Luserna/Lusérn

AM ZIMBRISCHEN FANTASIEPFAD Die familientaugliche Rundtour »Sentiero Cimbro dell'Immaginario« startet in Lusérn Richtung Süden mit toller Aussicht auf das Asticotal und führt dann durch Wald und Wiesen zur Komp-Alm (Malga Campo). Am sieben Kilometer langen Weg befinden sich Stationen mit Holzschnitzereien von Fabelwesen und Märchengestalten. Auf Schaubildern werden Geschichten und Sagen erzählt.

RESTAURANT LUSERNARHOF Bodenständige lokale Küche mit Panoramablick. Via Tezze 43, 38040 Luserna, Tel. +39/347/182 40 06, lusernarhof.it

RESTAURANT AL FOGOLAR Nettes Lokal mit guter Küche im Zentrum von Folgaria. Via E. Colpi 329, 38064 Folgaria, Tel. +39/0464/72 31 54

AGRITUR GALENO Familienbetrieb mit dem Geschmack und den Aromen der traditionellen Bergküche. Via Cima Nora 34, 38040 Luserna, Tel. +39/0464/78 97 23, agriturgaleno.it

AUF EINEN BLICK

Info

STADT/REGION: Altopiano dei Cimbri
BESTE REISEZEIT: April bis November
OPTIMALE REISEDAUER: 1–2 Tage
TOURISTINFO: Azienda per il turismo Alpe Cimbra
Via Roma 60, 38064 Folgaria, Tel. +39/0464/72 41 00, alpecimbra.it
Fraz. Gionghi 107, 38046 Lavarone, Tel. +39/0464/72 41 44, alpecimbra.it
Piazza Marconi, 38040 Lusérna/Lusérn, Tel. +39/0464/78 96 41, alpecimbra.it

NICHT VERSÄUMEN

DOKUMENTATIONSZENTRUM LUSÉRN: Via Trento, Stradù 6, 38040 Luserna, Tel. +39/0464/78 96 38, Lusérn.it, zimbrisch.de
LAGO DI LAVARONE: alpecimbra.it
FORTE BELVEDERE-GSCHWENT: Beeindruckende Festungsanlage aus dem Ersten Weltkrieg. Via Tiroler Kaiserjäger 1, 38046 Lavarone, Tel. +39/349/502 59 98, fortebelvedere.org

Der Campeggio Lago di Lavarone

◀ Willkommen am Campingplatz! ▶ Stellplatz am Rathaus von Lavarone

CAMPEGGIO LAGO DI LAVARONE

ADRESSE: Via Trieste 36, Fraz. Chiesa, 38046 Lavarone, Tel. +39/0464/78 33 00, campinglagodilavarone.it

GPS: 45.93731, 11.25869

Der Campingplatz liegt 200 Meter vom Lavaronesee und 500 Meter vom Weiler Chiesa entfernt. Die wichtigsten Dienstleistungen sind mit einem kurzen Spaziergang erreichbar.

CAMPEGGIO SOLE NEVE

ADRESSE: Via Giosuè Carducci, Fraz. Carbonare di Folgaria, 38064 Folgaria, Tel. +39/0464/76 52 57, campingsoleneve.it

GPS: 45.94228, 11.23624

Der Campingplatz erfüllt die Bedürfnisse von Jung und Alt: mit einer neuen Bar, Minimarkt, Grillstationen, Spielplatz und Fitnessbereich. Restaurant und Pizzeria sind nur wenige Gehminuten entfernt.

CAMPEGGIO BELVEDERE

ADRESSE: Loc. Oseli 27, 38040 Lavarone, Tel. +39/334/836 26 26, campeggiobelvederelavarone.wordpress.com

GPS: 92744, 11.28426

Der Campingplatz befindet sich in Oseli, einem kleinen Weiler von Lavarone. Er ist idealer Ausgangspunkt zur Hochebene von Folgaria und zum malerischen Dorf Lusérn.

VALLE DEI LAGHI

Im Tal der Seen

Der Lago di Cavedine liegt zwischen Pietramurata und Drena parallel zum Sarcatal.

Der Fluss Sarca gibt dem Tal seinen Namen. Kleine, tiefblaue Gebirgsseen und markante Felsen prägen das Landschaftsbild. Ein Ausflug durch das wildromantische Tal von Trento/Trient nach Arco – oder auch umgekehrt – gestaltet sich zu einem lohnenden und abwechslungsreichen Abstecher.

Wir fahren in Trento/Trient von der Autobahn ab in Richtung Arco-Riva, durch eine schmale Schlucht, auf gut ausgebauter Straße und durch einen langen Tunnel hinauf auf die Anhöhe von Terlago. Da liegt schon gleich zu unserer Rechten der erste See im Tal: der Lago von Terlago. Der Name Terlago stammt vom lateinischen »trilacum« – den »drei Seen«. In Terlago gibt es tatsächlich gleich drei Seen: den Lago Santo und die Seen von Lamar und Terlago. Jener von Terlago zieht als idyllischer Badesee alljährlich zahlreiche Badegäste und – aufgrund seines Fischreichtums – auch viele Fischer an. In Terlago laden das Schloss und der mittelalterliche Braidone-Turm zum Besuch. Sehenswert sind auch mehrere prächtige Palazzi: Tabarelli de Fatis, Cesarini Sforza, Altenpurger, Mamming sowie Mazzonelli und Paissan.

KOCHTÖPFE DER RIESEN

Weiter geht's auf unserer Strecke auf dem hügeligen Hochplateau unter dem Paganella-Kamm nach Vezzano, wo sich erstmals der Blick nach Süden ins Tal öffnet. Das kleine Urlaubsdorf lädt zu zahlreichen Wanderungen in die herrliche Gebirgslandschaft, etwa auf den geologischen Lehrpfad Stoppani, an dem sich auch die sogenannten »Marmitte dei Giganti« befinden. Die »Kochtöpfe der Riesen« sind von den Gletschern geformte Mulden und Löcher. Auf der Straße nach Santa Massenza befinden sich Schnapsbrennereien, Olivenölproduzenten und Brokkolizüchter sowie – als Besonderheit – beim See von Santa Massenza eines der größten Kraftwerke Italiens.
Die nächsten beiden größeren Seen im Tal liegen schon vor uns: der Lago di Santa Massenza und der idyllisch gelegene Lago di Toblino, beide nur durch eine Brücke voneinander getrennt. Kurz zuvor fahren wir durch den kleinen Ort Padergnone, zwischen dem Paganella-Massiv und dem Monte Bondone oberhalb vom Massenzasee gelegen.

12

Aus der Gegend hier um den Toblinosee stammt der berühmte Vino Santo, der in der Karwoche, der Settimana Santa, aus den getrockneten Trauben der Nosiola-Rebe gekeltert wird. Kurz nach dem Lago di Toblino geht es durch das Dorf Sarche. Hier zweigt die Straße durch eine enge und beeindruckende Schlucht hinauf zum Ponte Arche ab. In Sarche beginnt das eigentliche Sarcatal. Der Fluss entspringt in den Gletscherregionen von Adamello und Presanella, fließt durch die Brenta-Gruppe, mündet bei Sarche ins Tal ein und schließlich in Torbole in den Gardasee.

RUNDWANDERUNG Wir starten in Vezzano und wandern inmitten einer wunderbaren Landschaft hinab zum idyllisch gelegenen Lago di Toblino und von dort aus über den Lago di Santa Massenza und das Grappadorf zurück nach Vezzano. Eine erlebnisreiche Rundwanderung!

Cantina Hosteria di Toblino mit dem Ristorante Enologico

Der Radweg »Valle dei Laghi« geht über 33 Kilometer von Torbole bis Arco.

KLETTER-ELDORADO Das Sarcatal ist ein einzigartiges Paradies – vor allem für Wanderer, Radfahrer und Kletterer. Über eine Strecke von mehr als 20 Kilometern reiht sich eine Felswand an die andere, zwischen 100 und 1400 Meter hoch, ausgestattet mit allen nur erdenklichen Schwierigkeitsgraden.

LAGO DI TOBLINO

Mitten in einer traumhaften Landschaft mit einem weiten Schilfgürtel und der Felswand des 971 Meter hohen Piccolo Dain liegt der Lago di Toblino mit seinem mittelalterlichen Wasserschloss Castel Toblino. Der Toblinosee ist einer der romantischsten Seen des Trentino und befindet sich auf 245 Meter Meereshöhe mitten im Valle dei Laghi. Die Vegetation ist bereits stark mediterran angehaucht. Neben Weinbergen und Obstgärten prägen Zypressen, Zitronen, Rosmarin, Lorbeer und Olivenbäume das Landschaftsbild. Das gesamte Gebiet rund um den See ist aufgrund der Vielfalt der Flora und Fauna als Biotop geschützt.

VALLE DEI LAGHI Der einmalige Radweg »Valle dei Laghi« geht über 33 Kilometer von Torbole – Start ist an der Mündung des Sarcaflusses – über Arco, durch das gesamte Sarcatal und über Dro und Drena bis nach Sarche.

Castel Toblino ist eine der berühmtesten Seefestungen des Trentino.

POSTKARTENMOTIV CASTEL TOBLINO

Auf der kleinen Halbinsel, die vom Westufer aus in den See hineinreicht, steht das Wasserschloss Castel Toblino aus dem 12. Jahrhundert, eine der berühmtesten **Seefestungen** des Trentino. Seine heutige Fassade im Renaissance-Stil erhielt das Schloss unter Kardinal Bernhard Cles im 16. Jahrhundert sowie später von den Herren von Madruzzo und von Wolkenstein. Fürstbischof Madruzzo richtete sich im Schloss seine Sommerresidenz ein. Von den mittelalterlichen Bauelementen sind heute noch das Mauerwerk im Westen und der kleine Turm im Nordwesten zu sehen. Der zylindrische Turm, das Wahrzeichen des Schlosses, ist 20 Meter hoch und der Hauptturm der Anlage.

Um das Schloss ranken sich zahlreiche Legenden – vor allem von romantischen Liebschaften. Vor 2.000 Jahren sollen Feen die Insel bewohnt haben. Ihnen wurde im 3. Jahrhundert ein kleiner Tempel gewidmet.

RISTORANTE CASTEL TOBLINO Im Schloss ist ein nettes Restaurant untergebracht – Zeit für ein Glas Wein und einen Café auf der Seeterrasse inmitten der herrlichen Seelandschaft. Via Caffaro 1, 38072 Sarche, Tel. +39/046/86 40 36, casteltoblino.com

CHICK&CO – GALLETTERIA & PIZZERIA Freilandhühner vom Holzkohlegrill und Pizza mit selbst gewählten Zutaten – eine schmackhafte Alternative. Localita Isoletta 12, 38074 Pietramurata, Tel. +39/0464/50 71 45

12

SANTA MASSENZA – DAS GRAPPADORF

Santa Massenza ist als Grappadorf und Hochburg der Schnapsbrenner über die Grenzen Italiens hinaus bekannt. Die oberhalb vom Lago Santa Massenza gelegene Ortschaft ist in eine wunderbare Landschaft eingebettet, den See zu Füßen, von Weinbergen und Olivenhainen umgeben. Hinzu kommen die berühmten **Brokkoli** aus Santa Massenza und die **schwarzen Trüffel** aus den umliegenden Wäldern.

In eine ganz besondere Atmosphäre taucht Santa Massenza alljährlich in der Zeit zwischen September und Dezember ein. Da beginnt im 200 Einwohner zählenden Dorf das **Grappabrennen**. Bis in die 1980er-Jahre waren 13 Brennereien im Ort aktiv. Heute sind es noch deren fünf – die höchste Konzentration von Destillerien auf so kleinem Raum in Italien.

Santa Massenza ist als Grappadorf und Hochburg der Schnapsbrenner bekannt.

12

DISTILLERIA FRANCESCO POLI Santa Massenza 36, 38070 Vezzano, Tel. +39/0461/34 00 90, distilleriafrancesco.it
DISTILLERIA GIOVANNI POLI Via del Lago 3, Santa Massenza, 38070Vezzano, Tel. +39/0461/86 41 19, grappagiovannipoli.it
COOPERATIVA ORTOFRUTTICOLA VALLI DEL SARCA-GARDA TRENTINO 500 Mitglieder der Genossenschaft bieten ihre Produkte an, vor allem Äpfel, Pflaumen, Kiwi und Kartoffel. Verkaufsstellen: Viale Daino 84, 38074 Pietramurata, und Via Santa Caterina 70, 38062 Arco, vallidelsarca.it

EISZEITLICHE STEINWÜSTE

Vorbei an Pietramurata fahren wir durch einen der beeindruckendsten Streckenabschnitte, durch die eiszeitlichen Geröllfelder Marocche, ein Bergsturzgebiet von enormer Ausdehnung. Da liegen weit verstreut auf einer Länge von acht und einer Breite von knapp zwei Kilometern riesige Felsbrocken in der Gegend herum – eine bizarre Steinwüste. Heute ist das Gebiet der Marocche ein Biotop. Das ruhige Dörfchen Drena liegt

Die eiszeitlichen Geröllfelder Marocche – eine bizarre Steinwüste

◀ Historische Destillieranlage bei Casimiro Poli ▲ Grappa-Brennerei Giovanni Poli ▼ Santa Massenza hat die höchste Konzentration von Destillerien in Italien.

oberhalb der Geröllfelder am Fuße der gleichnamigen und weithin sichtbaren mittelalterlichen Burg. Von hier aus überwachten die Grafen von Arco jahrhundertelang den Eingang ins Sarcatal. Drena ist heute vor allem für seine **Marroni** bekannt, die Kastanien aus den tausendjährigen Kastanienhainen in den Wäldern rund um die Ortschaft. Zwischen Pietramurata und Drena liegt parallel zum Sarcatal der **Lago di Cavedine**. Das gleichnamige, etwas versteckt gelegene Tal von Cavedine ist für seine fruchtbaren Obstgärten bekannt.

Eine der ältesten Ortschaften im Sarcatal ist **Dro**, der letzte Ort im Tal, bevor wir Arco erreichen. Antike Bauten, Villen und mittelalterliche Türme prägen das Dorfbild. Sehenswert sind die Barockkirche San Antonio mit einem wertvollen Hochaltar, der viereckige Guaita-Turm sowie die Römerbrücke von Ceniga. Verkosten müssen wir in Dro unbedingt die **Susine di Dro**, die berühmten Pflaumen der Gegend. Dann erreichen wir nach wenigen Kilometern unser Ziel: **Arco** und der nördliche Gardasee liegen vor uns.

AUF EINEN BLICK

Info

STADT/REGION: Sarcatal, Valle dei Laghi
BESTE REISEZEIT: März bis November
OPTIMALE REISEDAUER: 1–2 Tage
TOURISTINFO: Consorzio Turistico Valle dei Laghi,
Tel. +39/347/784 39 10, valledeilaghi.fun
Gruppo Pro Turismo Operatori Valle dei Laghi,
Tel. +39/349/436 53 08, pro-turismo.com

NICHT VERSÄUMEN

SCULPTURE PARK DRENA 3000: Das Open Air Museum in Drena bietet für Kunst- und Naturliebhaber eine Ausstellung der besonderen Art von internationalen Künstlern unter freiem Himmel. Der Eintritt ist 365 Tage im Jahr frei. Via della Braila, 38074 Drena
CENTRALE IDROELETTRICA DI SANTA MASSENZA: Das größte Kraftwerk Italiens kann jedes Jahr am ersten Sonntag im Juli anlässlich der Veranstaltung »Centrali aperti« besichtigt werden. Santa Massenza, 38070 Vezzano
FESTE MADRUZZIANE: Das große traditionelle Festival in Calavino beim Lago di Toblino findet jedes Jahr im Juli mit historischen Revivals, Gastronomie, Darbietungen und Spielen statt. prolococalavino.it

◄ Camping Resort Drena ► Camping Arco Zoo

Morgenstimmung mit Nebel beim Castel Toblino am Lago Toblino

WANDERUNG RUND UM DEN LAGO DI TOBLINO: Bei einer kleinen und gemütlichen Wanderung auf dem schönen Weg rund um den See kann man Landschaft und Atmosphäre so richtig genießen.
I SUONI DELLE DOLOMITI: Musik und Natur verschmelzen jeden Sommer beim Festival »Klänge der Dolomiten« mit Stars aus der internationalen Musikszene. Ein Höhepunkt des Trentiner Sommers. isuonidelledolomiti.it

CAMPING DAINO

ADRESSE: Viale Daino 43, 38070 Pietramurata,
Tel. +39/0464/50 74 51, campingdaino.com
GPS: 46.02409, 10.94402
Der schön gelegene Campingplatz verfügt über 80 Stellplätze für Wohnmobile und Zelte, von 18 bis 60 Quadratmetern. Schwimmbad, E-Bike-Verleih, Minimarkt und Bar vor Ort.

CAMPING LE MAROCCHE

ADRESSE: Via Trebi 16c, 38073 Cavedine, Tel. +39/328/686 55 44, campinglemarocche.com
GPS: 45.99122, 10.94812
Der neue Campingplatz liegt mitten in herrlicher Natur, in unmittelbarer Nähe zum Lago di Cavedine – ein idealer Ort für Entspannung und Sport. Für Camper stehen 15 Plätze (65 Quadratmeter) mit Wasser und Elektrizität zur Verfügung.

ALTO GARDA & LEDRO

Sport und Genuss

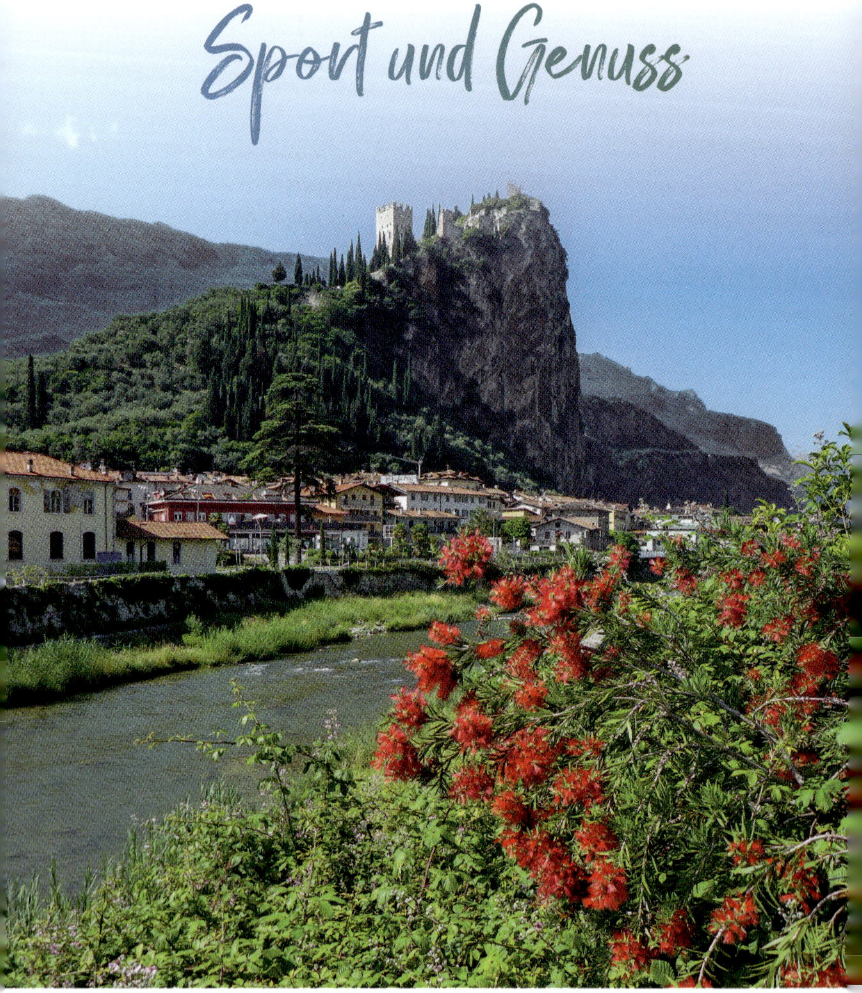

Arco, einer der renommiertesten Kurorte der Österreichisch-Ungarischen Monarchie

13

Alpiner Charme und mediterranes Flair vermischen sich am Nordufer des Gardasees zu einer überaus anziehenden Melange. Die traditionsreichen Kurorte Arco, Riva, Nago und Torbole gehören noch zur Region Trentino-Südtirol und bilden heute gemeinsam eine Hochburg für Aktivurlauber und Sportler, besonders für Surfer und Wanderer, Kletterer und Biker.

Von Norden her durch das Sarcatal kommend, öffnet sich bei Arco das Tal und gibt den Blick gen Süden frei: Der Gardasee liegt in all seiner berauschenden Anziehungskraft vor uns. Das Blau des Sees mit den langen weißen Kieselsteinstränden, die grünen Weiten und die das gesamte Gebiet umrahmenden Bergketten bieten ein einzigartiges Panorama. Schroffe Felswände mit hohen Gipfeln umrahmen in einem beeindruckenden großen Freiluftamphitheater schützend das Nordufer des Sees. An die Hänge schmiegen sich uralte Olivenhaine und Steineichenwälder. Zitronenbäume, Palmen und Granatäpfel schmücken die Gärten und Parkanlagen.

ARCO – KURORT MIT FLAIR

Arco zählte einst zu den renommiertesten und beliebtesten Kurorten der Österreichisch-Ungarischen Monarchie. Hier, an der ehemaligen Grenze zu Italien, stiegen die Habsburger mit ihrem Gefolge ab und genossen mit berühmten mitteleuropäischen Zeitgenossen mediterranes Klima und südliches Flair.

Mit seinen einmaligen Kletterwänden und Klettersteigen ist Arco zudem zur Heimat des Klettersportes und des Nordic Walking geworden. Das Gebiet lädt mit zahlreichen Mountainbike-Strecken, Radwegen, Hochgebirgswanderwegen und leichten Spazierwegen zum Eintauchen in die Natur und bietet für jeden Sportfan fantastische Erlebnisse.

Das Wahrzeichen der Stadt ist das Schloss Arco. Die Rocca zählt ohne Zweifel zu den schönsten Burganlagen des Trentino. Die beeindruckende mittelalterliche Festung hoch oben auf dem nach Osten zum Sarca-Fluss hin senkrecht abfallenden Monte Collodri wurde von den Grafen von Arco erbaut und erlebte eine wechselvolle Geschichte. Bereits Albrecht Dürer (1471–1528) hielt auf seiner ersten Italienreise 1495 die stimmungsvolle Szene in seinem Aquarell »Le Val d'Arco/Fenediger Klausen« fest.

13

KLETTERN, CANYONING UND MEHR Die Alpinschule von Arco organisiert Kletterkurse, Trekking- und Mountainbiketouren, Canyoning und viele Abenteuer mehr – auch für die ganze Familie. friendsofarco – mmove.net/de

RISTORANTE ALLA LEGA Traditionsreiches Lokal im Innenhof eines Palazzo der Grafen von Arco aus dem 16. Jahrhundert, mit bodenständiger Küche aus dem Trentino. Via Vergolano 8, 38062 Arco, Tel. +39/0464/51 62 05, ristoranteallalega.com

MADONNA DELLE VITTORIE Kellerei und Ölmühle mit ausgezeichneten Produkten, darunter auch Olivenöl aus entkernten Oliven, eine besondere Spezialität. Loc. Linfano, Via Linfano 81, 38062 Arco, Tel. +39/0464/50 54 32, madonnadellevittorie.it

RIVA DEL GARDA

Zitronen- und Olivenbäume, Palmen und Lorbeersträucher – in Riva del Garda, der Perle im Norden des Gardasees, beginnt der Süden. Gerade hier im Norden sind die Übergänge besonders stark zu spüren. Mächtige Bergrücken bilden einen schützenden Wall um die Stadt, der vom Süden her über den See mediterranes Flair eingehaucht wird.

◀ Olivenernte am Gardasee ▶ Panoramablick vom Castello di Arco

Riva mit seinem Uhrturm Torre Apponale, dem Wahrzeichen der Stadt

Bereits zur Römerzeit war die Gegend hier besiedelt. Im Laufe der Jahrhunderte kämpften die verschiedensten Herrscherfamilien um die Vorherrschaft in diesem strategisch wichtigen Gebiet. Erst seit 1919 gehört Riva zu Italien. Davor hat die Monarchie von Österreich-Ungarn dem Ort lange Zeit ihren Stempel aufgedrückt. Noch heute sind die Einflüsse der zwei Kulturen an jeder Ecke deutlich zu spüren. Sie prägen auch die besondere Atmosphäre der Stadt.
Im Laufe des 19. Jahrhunderts entwickelte sich Riva zu einem der beliebtesten Kur- und Touristenorte am Gardasee. Dafür verantwortlich sind nicht nur das milde Klima und die charmante Ausstrahlung der Stadt. Weite, sonnige Strände, Palmenalleen längs der Uferpromenade und die unwiderstehliche Anziehungskraft des Wassers tragen das Ihre dazu bei. Die Torre Apponale, der 34 Meter hohe, frei stehende und leicht schiefe Uhrturm aus dem Jahre 1220 bildet das Wahrzeichen von Riva. Der Turm prägt auch das Zentrum der Stadt mit der malerischen Piazza III Novembre direkt am Hafen. Erbaut wurde er aus großen Quadersteinen als Wachturm über den Hafen des alten Handels- und Marktzentrums. Es lohnt sich, seine 165 Stufen bis hinauf auf die Turmspitze zu erklimmen.
Dann ist es natürlich die nur wenige Hundert Meter entfernte Rocca di Riva, die vollständig von einem Wassergraben umgebene Stadtburg, die im historischen Zentrum besonders hervorsticht. 1124 errichteten die

Exotische Stimmung mit Bananenstaude am Nordufer des Gardasees

Bürger von Riva direkt am Ufer des Sees ihre neue Festung. In der Rocca sind heute das **Stadtmuseum** mit naturkundlichen, archäologischen und frühgeschichtlichen Sammlungen sowie eine sehenswerte **Pinakothek** untergebracht. Der Hauptturm lädt zu einer schönen Aussicht ein.

RISTORANTE AL VOLT Traditionsreiches Restaurant mit feiner Küche. Via Fiume 73, 38066 Riva del Garda, Tel. +39/0464/55 25 70, ristorantealvolt.com

AGRARIA RIVA DEL GARDA Genossenschaftskellerei und Ölmühle mit Qualität und großem Angebot an lokalen Spezialitäten. Via San Nazzaro 4, 38066 Riva del Garda, Tel. +39/0464/55 21 33, agririva.it

Tipp

Der **Monte Brione** ist ein kleines Mittelgebirge im unteren Sarcatal zwischen Riva del Garda und Torbole – ein 374 Meter hoher Hügel mit einer natürlichen Aussichtsplattform auf den Gardasee und ein einladendes Naturschutzgebiet für Wanderungen und Spaziergänge durch die mediterrane Landschaftskulisse.

13

NAGO UND TORBOLE

Nago liegt auf der 200 Meter hohen felsigen Anhöhe nördlich von Torbole und bildet den Übergang zwischen dem nahen Etschtal und dem nördlichen Teil des Gardasees. Torbole befindet sich direkt darunter am Fuße des Monte Baldo. Gemeinsam mit Riva hat sich Torbole zum europäischen Mekka für Surfer und Segler gemausert. Vor allem die Winde haben Torbole berühmt gemacht. Wer im Urlaub Abwechslung sucht, dem bietet der Norden des Gardasees eine ideale Kombination aus Sport und Wellness, Gastronomie und Kultur. So sind beispielsweise die Marmitte dei Giganti, die Gletschermühlen bei Nago, ein eindruckvolles Naturphänomen aus der Eiszeit.

TENNO UND DER »LAGO AZZURRO«

Der Lago di Tenno beeindruckt nicht nur durch seine einmalige Lage. Die azurblau schimmernde Farbe des Wassers erinnert an einen in den Tropen gelegenen See – und das mitten in den Alpen. Nicht umsonst wird er im Volksmund »Lago Azzurro«, der »blaue See«, genannt. Kreisrund liegt er auf 570 Meter Höhe am Fuße des Monte Misone und ist von saftig grünen Wäldern umgeben. Der Lago di Tenno lädt durch seine warmen Temperaturen und seine seichten Ufer zum Eintauchen und Baden ein. Die Ufer sind frei zugänglich.

◀ Die Gletschermühlen bei Nago ▶ Die Wasserpolizei auf dem Gardasee

13

Am Weg von Riva del Garda zum Hauptdorf von Tenno befindet sich Cologna Gavazzo mit seiner schönen Kirche San Zenone aus dem 13. Jahrhundert, die so manche Schätze verbirgt, etwa die Fresken des bekannten Malers Simone Baschenis di Averaria. Canale di Tenno schließlich gilt als einer der schönsten mittelalterlichen Orte Italiens und ist Mitglied der Vereinigung »Borghi più belli d'Italia«.

VON CANALE ZUM LAGO DI TENNO Wir starten im Künstlerdorf Canale. Am Ausgang des Dorfes nehmen wir den Weg 406 zum Lago di Tenno. Nach einer knappen Viertelstunde sehen wir bereits den türkisfarbenen See vor uns, den wir dann in aller Ruhe umrunden.

FISCHEN IM LAGO DI TENNO Im Hotel Stella Alpina, ganz nah am Seeufer, können passionierte Fischer sowie Hobbyfischer Tageskarten zum Fischen im artenreichen Lago erwerben. Petri heil!

DAS GRÖSSTE PFAHLBAUDORF EUROPAS

Das Ledrotal mit seinem malerischen und geschichtsträchtigen Alpensee Lago di Ledro erreichen wir von Riva del Garda aus. Zuerst geht es kurz in westlicher Richtung gen Limone, dann kommt gleich die Abzweigung nach Molina, dem Hauptort des Tals.

4000 Jahre reichen die Spuren der Besiedelung in der Gegend zurück. Bei den 1929 entdeckten rund 10.000 Pfählen handelt es sich um eine Pfahlbausiedlung aus der Bronzezeit. Die zwischen 2000 und 1200 v. Chr. auf dem See und an dessen Ufern errichtete Anlage diente zu Wohn- und Verteidigungszwecken. Die Bewohner lebten von Ackerbau und Viehzucht sowie vom Fischfang im See.

In ihrer Größenordnung ist die Siedlung eine wahre Sensation. Ausgrabungen brachten bereits zahlreiche Fundstücke zutage, darunter Werkzeuge, Keramik, alltägliche Gebrauchsgegenstände aus Stein und Horn, Kleidungsstücke, Bronzestatuten und Knochen. Einige Fundstücke können im 1972 errichteten Museo delle Palafitte direkt am Seeufer besichtigt werden.

◀ Im malerischen Künstlerdorf Canale di Tenno ▲ Der azurblaue Lago di Tenno
▼ Das Pfahlbaumuseum Museo delle Palafitte am Lago di Ledro

ZWEI ALMWANDERUNGEN Von der Südseite am See führt ein Weg zur Kapelle San Martino und dann weiter zur Malga Giù, einem kleinen Idyll. Von Mezzolago, also von der Mitte des Sees aus, wandern wir zur 1522 Meter hoch gelegenen Malga Dromaè mit herrlichen Blumenwiesen und tollem Blick auf den Lago.

FARMACIA FOLETTO Hier gibt es Kräuterliköre, darunter den berühmten Picco Rosso aus Himbeeren und Erdbeeren. Via Cassoni 3, 38060 Pieve di Ledro, Tel. +39/348/970 17 29, foletto.net

AUF EINEN BLICK

Info

STADT/REGION: Alto Garda, Valle di Ledro
BESTE REISEZEIT: März bis November
OPTIMALE REISEDAUER: 3–5 Tage
TOURISTINFO: Tourist Büro Arco, Viale delle Palme 1, 38062 Arco, Tel. +39/0464/53 22 55, gardatrentino.it
Tourist Büro Riva del Garda, Largo medaglie d'Oro al Valor Militare 5, 38066 Riva del Garda, Tel. +39/0464/55 44 44, gardatrentino.it

NICHT VERSÄUMEN

PARCO ARCIDUCALE – ARBORETUM: Ein wahres botanisches Paradies, auch für erholsame Spaziergänge. Freier Eintritt.
Via Lomego, 38062 Arco, Tel. +39/0464/51 71 11
BURGRUINE ARCO: Die einmalige Burganlage ist das Wahrzeichen der Stadt Arco. Öffnungszeiten im Sommer: 10–19 Uhr.
Via Castello, 38062 Arco, Tel. +39/0464/51 01 56, comune.arco.tn.it
ROCCA DI RIVA: Stadtmuseum und Pinakothek. Piazza Cesare Battisti 3, 38066 Riva del Garda, Tel. +39/0464/57 38 69, museoaltogarda.it
TORRE APPONALE: Vom 34 Meter hohen, frei stehenden Uhrturm aus dem Jahr 1220 an der Piazza III Novembre hat man eine herrliche Aussicht auf Riva und den Gardasee. Von März bis Oktober jeweils von 10–18 Uhr geöffnet. Piazza III Novembre, 38066 Riva del Garda, Tel. +39/0464/57 38 69, comune.rivadelgarda.tn.it/museo
MUSEO DELLE PALAFITTE DI LEDRO: Direkt am Seeufer von Molina dokumentiert das Pfahlbaumuseum sehr anschaulich das Leben der prähistorischen Siedler. Via Lungolago 1, 38060 Molina di Ledro, Tel. +39/0464/50 81 82, palafitteledro.it
ALTE PONALE-STRASSE: Die abenteuerliche alte Straße von Riva hinauf ins Ledrotal ist inzwischen zwar für Autos gesperrt, stellt mit ihren steilen Serpentinen, zahlreichen Tunnels und senkrecht abfallenden Felswänden aber eine der reizvollsten Mountainbike-Routen am Gardasee dar.

◀ Arco von oben ▶ Area Sosta Camper San Pancrazio in Arco

CAMPING ARCO

ADRESSE: Località Prabi, Via Legionari Cecoslovacchi 12, 38062 Arco, Tel. +39/0464/51 74 91, campingarcoprabi.it

GPS: 45.92697, 10.89186

Der Campingplatz befindet sich nur wenige Schritte von der Altstadt entfernt, am Fuße des Monte Colodri, ganz im Grünen gelegen, direkt am Fluss Sarca.

AREA SOSTA CAMPER ARCO – SAN PANCRAZIO

ADRESSE: Via S. Caterina 10, 38062 Arco

GPS: 45.91510, 10.87870

Ideal gelegener Wohnwagenpark in der Nähe des Zentrums von Arco. Das Be- und Entladen ist auch für Durchreisende kostenlos, aber es gibt keinen Strom.

CAMPING AL LAGO

ADRESSE: Viale Rovereto 112, 38066 Riva del Garda, Tel. +39/0464/55 31 86, campingallago.com

GPS: 45.87965, 10.85593

Der Camping al Lago liegt in schöner Position direkt am Gardasee. Die schattigen Stellplätze befinden sich nur wenige Meter vom Strand entfernt, sind perfekt ausgestattet und lassen keinen Wunsch offen.

VALLI GIUDICARIE

Versteckte Gebirgstäler

Die Nardis-Wasserfälle: die bekanntesten Wasserfälle im Naturpark Adamello-Brenta

Die Talgemeinschaft der Valli Giudicarie befindet sich ganz im Westen des Trentino – eingebettet zwischen dem Naturpark Adamello-Brenta im Norden, dem Gardasee im Westen und dem Ledrosee im Süden. Das malerische, noch wenig bekannte Gebirgstal besticht mit einzigartiger Natur und köstlichen kulinarischen Spezialitäten.

Um in die Valli Giudicarie zu gelangen, gibt es mehrere Möglichkeiten: Von Trento/Trient aus führt die Straße über das Valle dei Laghi, wo sie dann beim Lago di Toblino über das Sarcatal nach Tione ins nördliche Talende führt. Von Riva del Garda geht es über das Ledrotal ans Südende des Tals nach Storo und zum Ledrosee. Und ganz vom Norden aus erreicht man die Talgemeinschaft über das Val di Sole, Madonna di Campiglio und das Val Rendena.

TIONE DI TRENTO

Der Hauptort des Tals liegt in zentraler Lage an der Stelle, wo das südliche Valle del Chiese, das nördliche Val Rendena und die Valli Giudicarie aufeinander treffen. Hier, am Fuße des Monte Gaggio, mündet auch der vom Süden kommende Arnò in den Fluss Sarca. Drei Gebirgsgruppen umgeben den Talkessel von Tione: im Westen die Adamello-Gruppe, im Nordosten die Brenta-Gruppe und im Südosten die nordwestlichen Ausläufer der Gardaseeberge. Heute ist die Gemeinde in den Inneren Judikarien Verwaltungssitz der Talgemeinschaft Comunità delle Giudicarie.

RAGOLI, PREORE UND MONTAGNE

Die Gemeinde Tre Ville mit ihren drei Dörfern Ragoli, Preore und Montagne liegt am Südwesthang der Brenta-Dolomiten, etwas nördlich von Tione di Trento. Die verstreuten Siedlungen der Gemeinde sind in der 1377 gegründeten Comunità delle Regole di Spinale e Manez vereint, die heute noch die Weide- und Waldrechte der Gegend verwaltet. Landwirtschaft, Holz- und Almwirtschaft sind seit jeher bedeutend für die Gegend.
Montagne mit seinen 230 Einwohnern besteht aus mehreren Weilern. Bei Binio beginnt das idyllische Val di Manez. Hier und im benachbarten Val d'Algone starten zahlreiche Wanderungen und Bergtouren in den Naturpark Adamello-Brenta.

Preore mit seinen 400 Einwohnern liegt auf 530 Höhenmetern auf einem Kegel des Rio Manez am Sarcafluss. Sehenswert sind die Chiesa di Santa Maria Maddalena aus dem 18. Jahrhundert und die Ruine Rocca Bastia an den Hängen des Monte Amolo.

Ragoli ist Hauptsitz der Gemeindeverwaltung von Tre Ville und Sitz der historischen Comunità delle Regole di Spinale e Manez. Der Ort liegt am Eingang zum **Val d'Algone**. Die Pfarrkirche des Kirchenpatrons San Faustino mit der mittelalterlichen Friedhofskapelle war jahrhundertelang das religiöse Zentrum der Gegend.

SELLA GIUDICARIE

Von Tione di Trento aus Richtung Süden trifft man auf das Gemeindegebiet der Sella Giudicarie. Die Gemeinde mit 2900 Einwohnern entstand aus der Zusammenlegung der vier Gemeinden des hinteren Valle del Chiese: Bondo, Breguzzo, Lardaro und Roncone, die Besiedlung der Gegend reicht bis in die Bronzezeit zurück.

Roncone liegt auf 840 Höhenmetern am Ufer des Adanà und ist der Hauptort der Gemeinde. Überragt wird das Dorf vom Kirchturm der barocken Chiesa di Santo Stefano. Nordöstlich des Dorfes liegt ein beliebter Badesee, der auf dem Radweg und über eine Panoramastraße erreichbar ist.

Breguzzo auf 800 Meter Meereshöhe zu Füßen des 2139 Meter hohen Monte Cengledino hat 600 Einwohner. Die Pfarrkirche Chiesa di Sant'Andrea geht auf das 19. Jahrhundert zurück.

◀ Tre Ville am Eingang zum Val d'Algone ▶ Chiesa di Santo Stefano in Roncone

Prezzo erstreckt sich an den Hängen des Dos Alt und des Monte Melino.

Am Eingang des Breguzzotals gelangt man nach Bondo. Auf dem Friedhof für die österreichischen Gefallenen des Ersten Weltkriegs haben 700 Soldaten des Österreichisch-Ungarischen Reiches ihre letzte Ruhe gefunden.

Der **Abenteuerpark** im Herzen des Val Breguzzo lädt mit zehn Parcours verschiedener Schwierigkeitsgrade zum Ausprobieren. Ausgebildete Führer begleiten die Besucher auf hängenden Baumstämmen, Ziplines, Planken und Hängebrücken. Ein Ausflugsziel für die ganze Familie.

Tipp

PIEVE DI BONO-PREZZO

Wo das Tal enger wird und die Straße nach Lardaro hin ansteigt, liegt Pieve di Bono mit seinen Ortsteilen. Von Interesse sind die Chiesa di Santa Giustina und die Kapelle der Pfarrkirche mit bedeutenden Fresken des italienischen Malers Giovanni Badile sowie das im 12. Jahrhundert erbaute Castel Romano. Der rechteckige Schlossturm war einst im Besitz der Herren von Eppan. Im 14. Jahrhundert übernahmen die Grafen Lodron die Burg, ließen die Anlage ausbauen und fügten Wohngebäude im Renaissance-Stil hinzu. Vom Castel aus startet ein einladender botanischer Lehrpfad. Der Friedensweg »Sentiero della Pace« führt an wichtigen Orten des Ersten Weltkriegs vorbei.

Condino erwartet seine Gäste mit einem hübschen mittelalterlichen Ortskern.

Prezzo erstreckt sich an den Hängen des Dos Alt und des Monte Melino entlang der Straße, die zum Hochplateau von Boniprati führt. Nach den Verwüstungen des Ersten Weltkriegs wurde das Dorf neu aufgebaut. Sehenswert ist die Chiesa di San Giacomo Maggiore, die 1560 umgebaut wurde.

RADWEG GIUDICARIE INFERIORI Vom Idrosee ausgehend führt der schöne Radweg durch die Talebene des Chiese bis nach Condino und Pieve di Bono. Die 20 Kilometer lange, leichte Strecke hält sich meist an den Flusslauf des Chiese (Wegweiser: Pista ciclabile Giudicarie inferiori Nr. 7).

ZUM SCHUTZHAUS VAL DI FUMO Die leichte Wanderung beginnt auf 1790 Meter Höhe beim Parkplatz der Bar Alla Diga an der Staumauer des Lago di Bissina am Talschluss des Daonetals. Über die Malga Breguzzo geht es in das Val di Fumo und über den Weg Nr. 240 zur Val di Fumo-Alm und zur Schutzhütte Rifugio Val di Fumo auf 1920 Meter Höhe.

CONDINO UND CASTEL CONDINO

Die 1500 Einwohner zählende Gemeinde **Condino** liegt im Valle del Chiese auf einer Meereshöhe von 444 Metern. Condino erwartet seine Gäste mit einem hübschen mittelalterlichen Ortskern. Die Renaissance-Kirche Chiesa di Santa Maria Assunta geht auf das 12. Jahrhundert zurück. Den Palazzo alla Torre auf dem San Rocco Platz schmückt im Ratssaal eine große Wandmalerei des Malers Marco Furri aus Brescia. Die Chiesa di San Lorenzo auf einem kleinen Hügel im Osten von Condino geht auf das 16. Jahrhundert zurück.

Auf der gegenüberliegenden Talseite liegt auf 809 Meter Höhe Castel Condino. Die Chiesa San Giorgio wurde an der Stelle einer alten romanischen Kirche aus dem 13. Jahrhundert im Jahr 1284 neu errichtet. Die heutige klassizistische Struktur geht auf das Jahr 1864 zurück.

DAS »GOLD VON STORO«

Storo ist seit alters für seine landwirtschaftlichen Produkte und vor allem für seine Polenta bekannt. Die Polenta di Storo, der charakteristische Maisgrieß, ist aufgrund seiner Nährstoffe und seines unverwechselbaren Aromas auch als »Oro di Storo«, als »Gold aus Storo« bekannt. Alljährlich im Oktober findet das große Polentafestival von Storo statt. Dann kann man auf den verschiedenen Plätzen der Stadt die zahlreichen Varianten der Zubereitung dieses Produkts probieren.
Storo liegt nur wenige Kilometer nördlich des Idrosees. Sein malerischer historischer Ortskern mit den engen Gassen und kleinen Plätzen erinnert an die alte Aufteilung des Dorfes in einzelne Viertel. Auf den Plätzen befinden sich acht Granitbrunnen aus der Mitte des 19. Jahrhunderts.

RISTORANTE DOLOMITI Typische Trentiner Küche mit fairen Preisen und reichlichen Portionen. Via IV Novembre 35, 38079 Tione di Trento, Tel. +39/0465/32 14 24, hoteldolomitisaone.it
LA POLENTERA Schöne Lage, Polenta-Spezialitäten und freundlicher Service. Via Sorino 44, 38089 Storo, Tel. +39/0465/898 88 01, lapolentera.it

◀ Fresken im Ortskern von Storo ▶ Mais, das »Gold aus Storo«

14

BONDONE SUL LAGO D'IDRO

Bondone, das südlichste Dorf im Trentiner Teil der Valli Giudicarie, liegt an der Mündung des Flusses Chiese in den Idrosee. Enge Gassen, Torbögen, steile Stufen erinnern an die Geschichte der Gegend, als noch Köhler und Waldarbeiter das Bild prägten. Das **Köhlerdenkmal** aus Bronze am Eingang der Ortschaft stellt den typischen Holzstapel, einen Köhler, der ihn aufschichtet, und ein junges Mädchen, das sich an eine Ziege lehnt, dar. Auf der Terrasse vor der Chiesa della Natività etwas abseits von der Ortschaft bietet sich ein herrlicher Blick auf das Tal und den Idrosee. Alljährlich im August findet im Dorf eines der bedeutenden internationalen **Festivals der Straßenkünstler** mit dem Titel »Bondone in strada« statt.

Tipp

Der zehn Kilometer lange und zwei Kilometer breite **Idrosee** liegt auf 368 Meter Meereshöhe in traumhafter Lage. Das herrliche Bergpanorama ringsum sowie die hervorragende Wasserqualität machen ihn zu einem der schönsten Seen in ganz Oberitalien. Die milden Wassertemperaturen laden im Sommer zum Baden, Surfen und Segeln ein.

VAL RENDENA

Von Tione di Trento in Richtung Norden führt das Val Rendena in die Wintersporthochburg **Madonna di Campiglio** und in das Val di Sole. Auf dem Weg mitten durch den Naturpark Adamello-Brenta liegen bekannte Orte wie Porte di Rendena, Spiazzo und Pinzolo.

Die Gemeinde **Porte di Rendena** befindet sich am Eingang zum Rendenatal auf 608 Meter Meereshöhe und gilt als »Tor zum Naturpark Adamello-Brenta«. Von hier starten zahlreiche Wanderwege in die herrliche Bergwelt.

Im Herzen des Val Rendena liegt **Spiazzo**. Die Pfarrkirche zum Heiligen Vigil geht auf das 16. Jahrhundert zurück. Vigil war der dritte Bischof von Trient und starb während seiner letzten Missionsreise im Jahre 405 n. Chr. hier seinen Märtyrertod. Vigil ist heute einer der Schutzheiligen des Trentino, seine Kirche ein beliebter Wallfahrtsort.

Pinzolo wiederum ist für seine lebendige Tradition und Kultur bekannt. In den ersten Märztagen wird alljährlich der »Trato Marzo« gefeiert, ein großes Volksfest mit Freudenfeuern und Volksliedern.

◀ Scherenschleifer-Denkmal in Pinzolo ▲ Bondone ist das südlichste Dorf im Trentiner Teil der Valli Giudicarie. ▼ Weltkriegsrelikte in Pinzolo

ZU DEN SEEN DES NAMBRONETALS Das Val Nambrone zweigt zwischen Pinzolo und Sant'Antonio di Mavignola ab und steigt bis zu den Gipfeln der Presanella-Gruppe an. Die Cornisellоseen liegen auf 2120, der Lago Nero auf 2200 und der Vedrettasee auf 2600 Höhenmetern. Mit dem Auto geht es bis zum ersten Cornisellosee. Von hier führen verschiedene Wege zu den anderen Seen und zu den Spitzen der Presanella-Gruppe.

RADWEG VAL RENDENA Der Radweg von Pinzolo über Villa Rendena und Tione bis zum Ponte-Pià-See führt auf 28 Kilometern durch das Val Rendena. Los geht es in Pinzolo, unterhalb von Madonna di Campiglio, und dann am Sarca entlang in Richtung Strembo. Nach der Ortschaft Spiazzo Rendena wechselt die Strecke auf die östliche Seite des Tals, vorbei an Villa Rendena bis in die Gegend von Tione di Trento.

Von hier aus sind es dann nur noch acht Kilometer über Preore und Ragoli bis zum See von Ponte Pià.

AUF EINEN BLICK

STADT/REGION: Valli Giudicarie
BESTE REISEZEIT: April bis November
OPTIMALE REISEDAUER: 2–3 Tage
TOURISTINFO: Consorzio per il Turismo Giudicarie Centrali. Via Damiano Chiesa 3, 38079 Tione di Trento, Tel. +39/0465/32 30 90, visitgiudicarie.it

NICHT VERSÄUMEN

CASTEL ROMANO: Via Castello, 38085 Pieve di Bono-Prezzo, Tel. +39/0465/44 75 01, campigliodolomiti.it
BREG ADVENTURE PARK: Abenteuerpark im Herzen des Val Breguzzo. Loc. Chiesetta Alpina, 38081 Breguzzo, Tel. +39/0465/32 30 90, bregadventurepark.it
IDROSEE: lagodidro.it

◀ Condino erwartet seine Gäste mit einem hübschen mittelalterlichen Ortskern.
▲ Der Lobbia-Gletscher ist Teil des Adamello-Gletschers. ▼ Am Idrosee

◀ Bildstöckl am Idrosee ▶ Wohnmobilstellplatz Biotopo Lago d'Idro

CAMPEGGIO VAL RENDENA

ADRESSE: Via Civico 117, 38094 Porte di Rendena, Tel. +39/0465/80 16 69, campingvalrendena.com

GPS: 46.07363, 11.72037

Der Campingplatz liegt zwei Schritte vom Fluss Sarca und von den Radwegen im Naturpark Adamello Brenta entfernt. 96 Stellplätze mit neuen Sanitäranlagen stehen zur Verfügung.

CAMPEGGIO PARCO ADAMELLO

ADRESSE: Loc. Magnabò, 38086 Pinzolo, Tel. +39/0465/50 17 93, campingparcoadamello.it

GPS: 46.17192, 10.74914

Der Camping Parco Adamello verfügt über Stellplätze in verschiedenen Größen, die mit Strom versorgt werden. Vom Campingplatz aus kann man den Radweg Val Rendena für lange Spaziergänge und Ausflüge nutzen.

WOHNMOBILSTELLPLATZ BIOTOPO LAGO D'IDRO

ADRESSE: 38080 Biotopo Lago d'Idro

GPS: 45.4825, 10.3144

Etwas schwierig zu findender, aber toller Stellplatz in Seenähe am Ortsrand von Biotopo Lago d'Idro. Asphaltierter Untergrund mit Rasengitter. Zentrum zu Fuß erreichbar. Am Platz: Frischwasser und Entsorgung Chemie-WC. Vom 31. Oktober bis 1. Mai kostenfrei.

VALLAGARINA

Trentinos Tor in den Süden

Auf den Pasubio-Gipfeln: im Ersten Weltkrieg eine Frontlinie

15

Die Vallagarina ist der südliche Abschnitt des Etschtals von Trient bis zur Grenze der Provinz Trentino mit dem Veneto zwischen den Ortschaften Besenello und Borghetto. Weinberge und Burgen dominieren unten im Tal, weiter oben geht es zum Hochplateau von Brentonico, in das Val di Gresta und nach Vallarsa.

Die Vallagarina verläuft entlang der Etsch und parallel zum Gardasee südlich von Trento/Trient über Rovereto in Richtung Verona. Weinberge, schmucke Burgen und mittelalterliche Dörfer prägen das Bild im Tal, das seit Jahrtausenden zu den wichtigsten Nord-Süd-Verbindungen und Durchgängen Europas zählt. Bei Rovereto zweigt das Tal ab in Richtung Gardasee und in das Val di Gresta. Am orografisch rechten Etschufer erhebt sich das Hochplateau von Brentonico mit dem Naturpark Monte Baldo. Auf der linken Seite geht es hinauf in die Gebirgslandschaft der Kleinen Dolomiten von Vallarsa.

CASTEL BESENO

Auf halber Strecke zwischen Trient und Rovereto fällt auf der linken Seite die beeindruckende Festungsanlage von Castel Beseno ins Auge. Die an ein großes Schiff erinnernde Anlage thront in strategischer Lage auf einem Hügel bei Besenello und ist die größte Wehranlage des Trentino. Castel Beseno geht auf das 12. Jahrhundert zurück und war im Besitz der Grafen von Eppan. 1470 ging die Burg an die Grafen von Trapp. Zwei mächtige Schlossmauern in Form einer Ellipse umgeben das Bauwerk auf einer Länge von 250 und einer Breite von 55 Metern. Beeindruckend sind das **Schlosstor samt Zugbrücke**, die dicken **Mauern mit Wehrgängen** und Schießscharten und der große **Turnierplatz**. Castel Beseno beherbergt ein **Museum** und bietet jedes Jahr verschiedene Sonderausstellungen.

VILLA LAGARINA, NOGAREDO UND ISERA

Villa Lagarina kurz vor Rovereto wird von seinen Adelspalästen, Parks und Kirchen geprägt. Der Palazzo Guerrieri Gonzaga geht auf das 17. Jahrhundert zurück. Einen Besuch wert sind die barocke Chiesa Maria Assunta, der Palazzo Libera mit dem Diözesanmuseum und der Palazzo Camelli, das heutige Rathaus. Unweit von Castellano liegen die **Wasserfälle von**

15

Strafalt mit ihren Höhlen sowie der **Lago di Cei** – Letzterer wunderschön inmitten von Buchenwäldern.

Nogaredo wird vom mächtigen Castello di Noarna aus dem 11. Jahrhundert überragt. Zwischen dem 17. und 18. Jahrhundert wurden auf dem Schloss Hexenprozesse abgehalten. Das Fest »Calendimaggio di Nogaredo« erinnert alljährlich am 30. April und 1. Mai daran.

Der nächste Ort, **Isera**, ist für seinen Wein, den heimischen Marzemino, bekannt, den schon Mozart auf seiner Italienreise zu schätzten wusste. Bei einem Rundgang durch das Dorf stechen der Palazzo Fedrigotti, das heutige Rathaus, die Palazzi de Probizer, Sitz der Casa del Vino und Vannetti, sowie die Chiesa San Vincenzo ins Auge. Ein Juwel ist das Postkartenmuseum **»Museo della Cartolina«** im Palazzo Galvani mit über 30.000 historischen und seltenen Exemplaren aus der ganzen Welt.

Tipp

Der von hohen Mauern umgebene **Park in Villa Lagarina** ist eine der eindrucksvollsten grünen Oasen des Trentino. 1806 kaufte Baron Sigismondo de Moll das Anwesen und verwandelte den drei Hektar großen Weinberg über dem Schloss in einen romantischen Park mit Wasserfällen, Höhlen, prächtigen Pflanzen, Zitronenhaus und kleinem Mausoleum.

Castel Beseno, eine der beeindruckendsten Festungen im Trentino

◀ Radtour am Monte Corno Battisti in der Vallarsa ▲ Kriegserinnerungen in der Bar Forte Monte Maso am Passo Pian delle Fugazze ▼ Auf dem Trödlermarkt

BELIEBTE ANTIQUITÄTEN- UND TRÖDLERMÄRKTE Der Mercatino d'Altri Tempi findet jeden ersten Samstag des Monats im historischen Zentrum von Rovereto statt, der Cerc'Antico jeden dritten Sonntag des Monats auf der Piazza Santa Maria Assunta in Villa Lagarina.

VALLARSA

Bei Rovereto zweigt die Vallarsa ab, die hinauf auf den Monte Pasubio und dann über den Passo Pian delle Fugazze ins benachbarte Veneto und die Monti Lessini führt. Die Gemeinde mit ihren zahlreichen Fraktionen liegt auf 724 Höhenmetern. Traurige Berühmtheit erhielt das Gebiet im Ersten Weltkrieg. Entlang der Gipfel des Pasubio und der Piccole Dolomiti verlief die Front. Schützengräben, Tunnels, Befestigungsanlagen und Militärstraßen erinnern noch heute an die blutigen Ereignisse. Besichtigt werden können die Festung Pozzacchio und das Forte Matassone. Heute versteht sich Vallarsa als Friedenszentrum. Der Friedensweg »Piccole Dolomiti di Vallarsa« führt bis auf die Almen des Pasubio und kreuzt den Europäischen Wanderweg E5. Einen Besuch lohnen das Bauernmuseum in Riva di Vallarsa, das antike venezianische Sägewerk in Terragnolo und die Wallfahrtskirche Santuario della Madonna delle Salette.

Die Einsiedelei San Colombano geht auf das 8. Jahrhundert zurück.

ZUM EREMO DI SAN COLOMBANO Der Weg beginnt an der Straße von Rovereto nach Vallarsa, auf der Höhe der Abzweigung nach Trambileno und führt durch die Talschlucht des Leimtals zur in eine Felsnische gebauten Einsiedelei San Colombano. Bereits im 8. Jahrhundert soll hier der erste Einsiedler gelebt haben. Die heutige Kirche stammt aus dem 10. Jahrhundert. Auf dem Rückweg empfiehlt sich ein Abstecher zum Lago di San Colombano. Für die leichte, sechs Kilometer lange Wanderung sollten zweieinhalb Stunden eingeplant werden.

VAL DI GRESTA

Bei Mori, südwestlich von Rovereto, führt die Straße zum Gardasee und zweigt auf halbem Weg ins Val di Gresta, den ersten **»Biobezirk«** des Trentino. Unzählige Terrassen mit Gemüseanbau formen die Landschaft von Loppio hinauf bis zum Passo Bordala. Die 150 Mitglieder des 1969 gegründeten Consorzio Ortofrutticolo Val di Gresta, der Erzeugergenossenschaft im Tal, bauen auf ihren Feldern vielfältige Gemüsesorten an. Hinzu kommen je nach Saison Äpfel und Birnen, Erdbeeren, Himbeeren, Johannisbeeren, Kastanien und Kräuter. Lehrbauernhöfe und Esel-Trekking laden zum Kennenlernen ein. In der **Ausstellung »Mostra mercato della Val di Gresta«** geht es um die ausgezeichneten Produkte aus dem Tal. Bei den **Erntedankfesten** in Ronzo-Chienis und in Mori wird entsprechend gefeiert. Und beim Consorzio Ortofrutticolo Val di Gresta in Ronzo Chienis kann man sich mit den nötigen Vorräten an Biogemüse eindecken.

CASA DEL VINO DELLA VALLAGARINA Traditionelle Gerichte und eine große Auswahl an Weinen aus der Vallagarina. Piazza San Vincenzo 1, 38060 Isera, Tel. +39/0464/48 60 57, casadelvino.info

OSTERIA CARNERA Kleine Gaststätte im historischen Zentrum von Ala mit schmackhafter Trentiner Küche. Piazza Bonacquisto 4, 38061 Ala, Tel. +39/0464/67 19 00

RISTORANTE ANTICA GARDUMO Einzigartiges, liebevoll restauriertes Lokal im Herzen des Grestatals. Kreative Küche mit regionalen Produkten. Via ai Piani 1, 38060 Ronzo Chienis, Tel. +39/0464/80 28 55, anticagardumo.it

BRENTONICO UND DER MONTE BALDO

Von Mori aus startet auch die Straße hinauf auf die Hochebene von Brentonico, den Altopiano di Brentonico. Das Hochplateau zwischen 500 und 2070 Metern wird im Osten von der Vallagarina und im Westen vom Gardasee eingegrenzt. Der Monte Baldo gleicht einer spektakulären Naturterrasse. Das 360-Grad-Panorama erstreckt sich von den schneebedeckten Gipfeln der Voralpen über die majestätischen Dolomiten, die gesamte Poebene bis hin zum Gebirgszug des Apennin. 37 Kilometer lang und bis zu elf Kilometer breit reicht der Gebirgsrücken von Norden nach Süden hinein in die Veroneser Ebene. Höchste Erhebung mit 2218 Metern ist die Cima Valdritta.

◀ Käsespezialitäten vom Monte Baldo ▶ Biogemüseanbau in der Val di Gresta

15

Durch das vom Gardasee geprägte Klima hat sich auf dem Monte Baldo im Laufe der Jahrtausende eine Vegetation entwickelt, die von der mediterranen Macchia bis hin zu alpinen Hochweiden und markanten Felsformationen reicht. An den Hängen, vor allem den geschützten Osthängen, wachsen über 600 verschiedene Pflanzen, darunter zahlreiche botanische Raritäten, die nur hier vorkommen.

Tipp

Die Landesstraße SP3 führt von Mori nach Brentonico. Dort beginnt die 49 Kilometer am Bergrücken entlangführende **Monte-Baldo-Höhenstraße.** Das Landschaftsbild wechselt zwischen zerklüfteten Felsen und grünen Almwiesen. Das Panorama hier oben ist unglaublich. Intensive Fahrerlebnisse bieten die engen Kurven rund um die Bocca di Navene kurz hinter San Giacomo. Ein kleiner Abstecher zur Wallfahrtskirche Madonna della Corona lohnt sich in Spiazzi, bevor die erlebnisreiche Höhenstraße in Caprino Veronese endet.

ALA UND AVIO

Das Städtchen Ala überrascht mit mittelalterlichem und barockem Charme. Palazzi aus dem 17. und 18. Jahrhundert beherrschen das Stadtbild, das zu den am besten erhaltenen des Trentino gehört. Die Altstadt wird von der Pfarrkirche Santa Maria Assunta dominiert. Im Palazzo de Pizzini verweilten schon Napoleon und Mozart mit seinem Vater. In den eleganten

Das mittelalterliche Ala mit Altstadt und der Pfarrkirche Santa Maria Assunta

Das eindrucksvolle Castello di Sabbionara d'Avio stammt aus dem 12. Jahrhundert.

Sälen des Palazzo ist heute das Klaviermuseum beheimatet. Noch im 18. Jahrhundert war Ala mit seiner florierenden Textilindustrie als »Città di Velluto«, als »Samt-Stadt«, bekannt.

Avio ist das Zentrum der Bassa Vallagarina. Hoch oben über der Stadt, an den Hängen des Monte Vignola, thront das eindrucksvolle Castello di Sabbionara d'Avio, eines der bekanntesten Schlösser des Trentino. Ins Auge stechen schon von Weitem der mächtige Bergfried und die fünf Türme der Burg, die auf das 12. Jahrhundert zurückgeht. Seit 1977 ist sie im Besitz der italienischen Stiftung für Denkmal- und Umweltschutz (FAI). Besonders eindrucksvoll ist der Palazzo Baronale mit seinen kunstvollen Fresken und der berühmten »Stanza dell'amore«, dem »Liebeszimmer«.

PISTA CICLABILE VAL D'ADIGE – VALLAGARINA Die spannendste Art, die Vallagarina in ihrer gesamten Länge zu erleben, ist die im Sattel des Fahrrades. Der Radweg verläuft von Trento/Trient Richtung Süden immer entlang der Etsch bis nach Verona. Bei Rovereto zweigt der Radweg zum Gardasee ab. Die durchgehend asphaltierte Strecke von Trient bis an die Provinzgrenze in Borghetto bei Ala beträgt 53,5 Kilometer.

AUF EINEN BLICK

Info

STADT/REGION: Vallagarina
BESTE REISEZEIT: ganzjährig
OPTIMALE REISEDAUER: 2–3 Tage
TOURISTINFO: Azienda per il Turismo Rovereto Vallagarina e Monte Baldo. Piazzetta della Torre Civica di Borgo Sacco, 38068 Rovereto, Tel. +39/340/413 86 97
Via F. Filzi 37, 38060 Brentonico, Tel. +39/0464/39 51 49, visitrovereto.it

NICHT VERSÄUMEN

CASTEL BESENO: 38060 Besenello, Tel. +39/0464/83 46 00, buonconsiglio.it
PARCO GUERRIERI GONZAGA: Via Garibaldi, 38060 Villa Lagarina, Tel. +39/0464/35 11 76, parcoguerrierigonzaga.it
MUSEO DELLA CARTOLINA SALVATORE NUVOLI: 30.000 Ansichtskarten aus aller Welt. Via Galvagni 10, 38060 Isera, Tel. +39/0464/42 08 40
CONSORZIO ORTOFRUTTICOLO VAL DI GRESTA: Biogemüse aus dem ersten Biobezirk des Trentino. Via Longa 90, 38060 Ronzo Chienis, Tel. +39/0464/80 29 22, valdigresta.org
CASTELLO SABBIONARA D'AVIO: Via al Castello, 38063 Sabbionara d'Avio, Tel. +39/0464/68 44 53, fondoambiente.it
MUSEO DEL PIANOFORTE ANTICO: Museum des antiken Klaviers, Via Santa Caterina 1, 38061 Ala, Tel. +39/0464/67 40 68, visitrovereto.it

◀ Pittoreske Häuserzeile ... ▶ ... und Villa Pellegrini Malfatti in Avio

◀ Hervorstechender Farbtupfer im Altstadtzentrum von Ala ▲ Relaxen auf dem Wohnmobilstellplatz ▼ Goldregen in voller Blüte am Monte Baldo

CAMPEGGIO CICLAMINO

ADRESSE: Loc. Mosee 58, 38060 San Valentino di Brentonico, Tel. +39/464/39 15 10, campingciclamino.com

GPS: 45.78878, 10.92142

Eingebettet in das Grün des Monte Baldo, ist der Camping Ciclamino ideales Ziel für einen Aufenthalt mitten in der Natur. Die 200 Stellplätze für Wohnmobile und Wohnwagen sind mit Strom-, Gas-, Wasser-, Abwasser- und TV-Systemen ausgestattet.

CAMPEGGIO AL FAGGIO

ADRESSE: Loc. Fratte, Fraz. Sega 38061 Ala, Tel. +39/0464/67 01 62, campingalfaggiotn.com

GPS: 45.70177, 10.96774

Kleiner, familiengeführter Bergcampingplatz mitten in der Natur, ideal für Familien.

CAMPEGGIO POLSA

ADRESSE: Via Monte Vignola, Loc. Polsa, 38060 Brentonico, Tel. +39/464/86 71 77, polsavacanze.it

GPS: 15.78084, 10.94613

200 Stellplätze, Wi-Fi-Bereich, Bar, Restaurant, Pizzeria und Minimarkt – im Herzen des Naturparks Monte Baldo.

ROVERETO

Die Kunst- und Kulturhauptstadt

Militärgedenkstätte und Kriegerdenkmal Ossario Castel Dante in Rovereto

Rovereto ist mit seinen 35.000 Einwohnern die zweitgrößte Stadt im Trentino. Vor allem aber ist Rovereto eine Stadt, die Geschichte, Gegenwart und – als Heimatstadt des futuristischen Künstlers Fortunato Depero – auch die Zukunft auf einzigartige Weise miteinander verbindet.

Vom Norden kommend, ist Rovereto – nach Trento/Trient – das zweite Tor zum Gardasee. In Rovereto Sud geht es von der Autobahn ab und auf kürzestem Weg Richtung Torbole und Riva. Rovereto selbst aber sollte man nicht einfach links liegen lassen. Die Kunst- und Kulturhauptstadt des Trentino ist immer einen Besuch wert.

SYMBOLE DES FRIEDENS

An der Stadt sind im Laufe der Geschichte schon viele Völker vorbeigezogen und haben ihre Spuren hinterlassen. Die schmucke Altstadt präsentiert sich heute in einer belebend frischen Mischung aus venezianischen Palazzi und altösterreichischer Architektur. Das **Castel Rovereto** auf einem Felsen am rechten Ufer des Leno, dort, wo der Fluss das Etschtal erreicht, verdankt sein Aussehen mit dem fünfeckigen Grundriss und den mächtigen Mauern den Venezianern. Erbaut wurde es bereits im 14. Jahrhundert von den Adeligen Castelbarco, die es im Jahr 1509 an die Habsburger übergaben. Von 1859 bis 1918 war die Burg Sitz des 3. Kaiserjägerregiments der K.-u.-k.-Monarchie Österreich-Ungarn, zu der die Stadt bis zum Ende des Ersten Weltkriegs gehörte. Seit 1921 ist das Stadtschloss Sitz des **Museo Storico Italiano della Guerra**, des italienischen Kriegsmuseums, das sich nicht nur der militärischen, sondern auch der kulturellen und gesellschaftlichen Seite des Krieges annimmt.

An die Kriegszeiten samt ihren Folgen erinnert auch die Militärgedenkstätte **Ossario Castel Dante**, ein imposantes Kriegerdenkmal südlich der Stadt, das in den 1930er-Jahren im Gedenken an 20.000 gefallene Soldaten aus dem Ersten Weltkrieg errichtet wurde.

Jeden Abend zum Sonnenuntergang ermahnt in Rovereto nicht zuletzt die größte frei klingende Glocke der Welt zum friedlichen Zusammenleben. Die 1924 aus den Kanonen ehemals befeindeter Kriegsparteien gegossene **Friedensglocke »Maria Dolens«** auf dem Hügel von Miravalle ertönt mit hundert Schlägen und verbreitet eine universale Botschaft.

16

OSTERIA DEL PETTIROSSO Einladendes Lokal mit frisch-lockerem Ambiente, guter Weinkarte und lokalen Spezialitäten. Corso Bettini 24, 38068 Rovereto, Tel. +39/0464/42 24 63, osteriadelpettirosso.com

OSTERIA L'ORTO DI PITAGORA Schönes Ambiente, sympathischer Service, originelle Küche mit viel Qualität. Piazza Malfatti 19/20, 38068 Rovereto, Tel. +39/0464/43 28 11, facebook.com/ortodipitagora

DROGERIA MICHELI Historisches Spezialitätengeschäft – seit 1829 – mit tollem Angebot an Kräutern, Drogerieartikeln, Lebensmitteln und Weinen. Via Mercerie 16, 38068 Rovereto, Tel. +39/0464/421154, drogheriamicheli.it

WELT- UND KULTUROFFENHEIT

Rovereto zeichnet sich heute durch eine besondere Welt- und Kulturoffenheit aus und ist zu einem Brennpunkt für zeitgenössische Kunst in Italien und Europa geworden. Der futuristische Künstler Fortunato Depero schenkte seiner Heimatstadt 1959 das erste und einzige futuristische Museum Italiens. Zahlreiche Festivals und Kunstevents ziehen das ganze Jahr hindurch ein internationales Publikum in die Stadt an der Etsch.

◀ Die Friedensglocke »Maria Dolens« ▶ Gedenkstätte an den Ersten Weltkrieg

Blick von oben auf Trentinos Kunst- und Kulturhauptstadt Rovereto

Das 2002 eröffnete MART, das Museum für moderne und zeitgenössische Kunst, ist eines der bedeutendsten Museen Italiens. Es umfasst drei Niederlassungen: die Casa d'Arte Futurista Depero in Rovereto, die Galleria Civica von Trient und den eigentlichen Hauptsitz, das Museum in Rovereto. Letzteres verfügt über einen kostbaren Bestand und zeigt eine reichhaltige Sammlung repräsentativer Werke des Futurismus, der Metaphysik, des Klassizismus, der Abstraktion und bedeutender italienischer und internationaler Strömungen des 20. Jahrhunderts. Beinahe 30.000 abwechselnd ausgestellte Werke stehen im kontinuierlichen Dialog mit den zeitgenössischen Sprachen gewidmeten Angeboten aus der Welt des Designs, der Architektur und der Fotografie.
Entworfen hat den auch architektonisch herausragenden Museumskomplex der Tessiner Architekt Mario Botta in Zusammenarbeit mit dem Roveretaner Ingenieur Giulio Andreolli. Mittelpunkt des Gebäudes ist eine große Kuppel aus Glas und Stahl über dem zentralen Eingangsplatz. Die Abdeckung ist am höchsten Punkt 25 Meter hoch und hat einen Durchmesser von 40 Metern, dieselben Ausmaße wie das Pantheon in Rom. Für die Fassaden hat Mario Botta in Anlehnung an die Straßenkulisse aus dem 18. Jahrhundert im Corso Bettini den gelben Stein von Vicenza gewählt. Das Ergebnis ist ein das antike Stadtbild respektierender Dialog.
12.000 Quadratmeter Gesamtfläche sind auf vier Stockwerke verteilt. Die beiden großen Ausstellungsgalerien sind im ersten und zweiten Stock untergebracht. Unter den Kunstwerken lassen sich Arbeiten von De Chirico, Osvaldo Licini, Mario Sironi, Giorgio Morandi und Lucio Fontana genauso

Das 2002 eröffnete MART, das Museum für moderne und zeitgenössische Kunst in Rovereto, ist eines der bedeutendsten Kunstmuseen Italiens.

bewundern wie solche internationaler Künstler wie Jasper Johns, Andy Warhol, Tony Cragg, Ilya Kabakov und Anselm Kiefer.
Ein wichtiger Teil der ständigen Sammlung ist dem Futurismus gewidmet: Er enthält Meisterwerke von Giacomo Balla und Gino Severini sowie 3000 Zeichnungen, Gemälde, Skulpturen und Wandteppiche aus der Hinterlassenschaft von Fortunato Depero. Sonderausstellungen zu originellen und innovativen Themen zählen zu den besonderen Höhepunkten.

AUF DEN SPUREN DER DINOSAURIER Vor 200.000 Jahren haben auch Dinosaurier in der Gegend ihre Spuren hinterlassen. Das bezeugen über 100 Fußabdrücke in den Felsen der Lavini di Marco oberhalb vom Ortsteil Marco südlich von Rovereto. Der Fundort ist über fünf ausgeschilderte Spaziergänge zu erkunden.

DURCH DAS ETSCHTAL ZUM GARDASEE Rovereto ist das nördliche Tor zum Gardasee, nicht nur für Autofahrer. Der Etsch-Radweg von Bozen bis Verona biegt in Rovereto von seiner natürlichen Strecke in Richtung Torbole zum Gardasee ab.

AUF EINEN BLICK

Info

STADT/REGION: Rovereto
BESTE REISEZEIT: ganzjährig
OPTIMALE REISEDAUER: 1–2 Tage
TOURISTINFO: Ufficio Turistico Rovereto, 38068 Rovereto, Corso Rosmini 21 Tel. +39/0464/43 03 63, visitrovereto.it

NICHT VERSÄUMEN

MART ROVERETO: Corso Bettini 43, 38068 Rovereto, Tel. +39/0464/43 88 87, mart.trento.it
CASA D'ARTE FUTURISTA DEPERO: Fortunato Depero (1892–1960) vermachte Rovereto 1959 das erste und einzige futuristische Museum Italiens. Via Portici 38, 38068 Rovereto, Tel. +39/0464/43 18 13, mart.trento.it/casadepero
CASTELLO DI ROVERETO: Das Stadtschloss von Rovereto ist Sitz des Museo Storico Italiano della Guerra, des beindruckenden italienischen Kriegsmuseums. Via Guglielmo Castelbarco 7, 38068 Rovereto, Tel. +39/0464/43 81 00, museodellaguerra.it

AREA CAMPER QUERCIA

ADRESSE: Via Palestrina 3, 38068 Rovereto, Tel. +39/800/09 01 56, areacamperquercia.it
GPS: 45.90260, 11.03686
Der modern ausgestattete Stellplatz für 15 Wohnmobile im Norden von Rovereto wird von einer Sozialgenossenschaft geführt und bietet alles, was Camper für einen Kurzaufenthalt brauchen. Das Zentrum der Stadt ist zu Fuß oder mit dem Rad problemlos erreichbar.

◀ Dinosaurier-Fußabdrücke ▶ Auf dem Etsch-Radweg von Bozen nach Verona

ORTS- UND SACHREGISTER

CAMPING- UND STELLPLÄTZE

IMPRESSUM

Verantwortlich: Kerstin Thiele
Lektorat: Helga Peterz
Layout- und Umschlaggestaltung:
Helene Schumacher
Satz: Silke Schüler
Repro: LUDWIG:media
Kartografie: Huber Kartografie
Herstellung: Alexander Knoll
Printed in Poland by CGS Printing

Unser komplettes Programm finden Sie unter

www.bruckmann.de

★★★★★

Sind Sie mit diesem Titel zufrieden? Dann würden wir uns über Ihre Weiterempfehlung freuen. Erzählen Sie es im Freundeskreis, berichten Sie Ihrem Buchhändler, oder bewerten Sie bei Onlinekauf. Und wenn Sie Kritik, Korrekturen, Aktualisierungen haben, freuen wir uns über Ihre Nachricht an Bruckmann Verlag, Postfach 40 02 09, D-80702 München oder per E-Mail an lektorat@verlagshaus.de.

Aus Gründen der besseren Lesbarkeit verwenden wir in diesem Buch das generische Maskulinum. Weibliche und anderweitige Geschlechter-Identitäten werden dabei ausdrücklich mitgemeint, soweit es für die Aussage erforderlich ist.

Bildnachweis: Alle Bilder im Innenteil und auf dem Umschlag stammen von Udo Bernhart. Illustrationen: Tiwat K/Shutterstock: passim

Umschlagvorderseite: Sasso delle Dodici über Pozza die Fassa und den Fluss Avisio
Umschalgrückseite: Val die Non Nonstal, La chiesa di San Tommaso a Cavedago

Die Deutsche Nationalbibliothek verzeichnet diese Publikation in der Deutschen Nationalbibliografie; detaillierte bibliografische Daten sind im Internet über http://dnb.d-nb.de abrufbar.

ISBN 978-3-7343-2716-2